강점 기반 시대의 통합교육

교육 현장의 미래 지도

MICHAEL L. WEHMEYER & JENNIFER A. KURTH 지음

서효정 · 박윤정 옮김

교육과학사

Inclusive Education in a Strengths-Based Era
Mapping the Future of the Field

역자 서문

학교 교실에는 특수교육 대상 학생, 경계선 지능 학생, 다문화가정 학생, 특수교육대상자로 선정되지는 않았으나 학습에 어려움을 지속적으로 보이는 학생, 학습 및 학교생활에 큰 어려움이 없는 학생 등 실로 다양한 학생이 존재합니다. 교육 현장은 각 학생의 다양성을 존중하고, 다양한 교육적 요구에 따른 맞춤형 교육을 실현할 수 있는 방법을 모색하고 있습니다. 이 책을 처음 접하면서 역자들은 무척이나 반가운 마음이 들었습니다. 변화한 장애 이해 방식으로 '강점'에 초점을 맞추면 통합교육은 '모든 학생을 지원할 수 있는' 새로운 방향으로 나아갈 수 있다고 믿는 저자의 철학 때문이었습니다.

'모든 학습자를 위한 교육'은 교사 개인의 노력만으로 실현하기에는 어려움이 있고, 학교 차원의 접근으로 학교 문화를 조성하는 것에서부터 시작하여 교육 체제 전반에 걸친 변화와 재구조화를 요구합니다. 최근 통합교육의 변화로는 「장애인 등에 대한 특수교육법」(2024. 2. 27. 개정)에 따라 일반학교에 배치된 특수교육대상자의 교육 지원을 강화하기 위해 통합학급 교육활동을 지원하는 특수교사를 둘 수 있습니다. 이러한 변화의 중심에서 이 책은 통합교육에 대한 성찰과 새로운 시각을 제공하고, 통합학급에서 다양한 교육적 요구를 지닌 학습자를 지원할 수 있는 방법을 안내할 것입니다.

이 책은 5장으로 구성되어 있습니다. 1장에서는 일반교육 환경에서 점점 더 많은 특수교육대상자를 교육하는 현 상황에서 특수교육을 어떻게 이해해야 할 것인지를 설명하고, 2장에서는 장애에 대한 강점 기반의 접근법을 바탕으로 영향력 확대 방안을 논의합니다. 3장에서는 통합된 학교와 학급에서 학생을 잘 가르칠 수 있는 방법을 설명하고, 4장에서는 통합교육의 효과에 대한 증거를 살펴봅니다. 마지막으로 5장에서는 통합교육 실제의 역사를 정리하며, 앞으로 우리가 나아가야 할 방향을 제언합니다.

많은 번역 작업이 그러하듯 이 책에서 설명하는 내용은 사회 · 문화적 맥락의 차이를 고려하여 이해해 주시기를 바랍니다. 역서임에도 불구하고 역자들은 이 책이 현재와 앞으로의 통합교육을 잇는 지혜와 통찰을 공유할 것이라 믿습니다. 마지막으로, 이 책의 출간을 위해 애써 주신 교육과학사 한정주 사장님, 정경식 부장님, 이정호 실장님께 깊은 감사의 마음을 전합니다.

2024년 5월

서효정 · 박윤정

도입

교육 실제는 모든 학생 성공법이나 장애인교육법과 같은 연방법에 의해 설정된 맥락이든, 2020년 코로나 팬데믹과 사회 정의를 향한 움직임으로 인해 우리가 경험한 것과 같은 사회적 · 시민적 맥락이든, 글로벌 경제로 인해 발생한 경제적 또는 환경적 상황의 결과이든, 맥락 내에서 존재한다. 미국 대법원은 **Endrew F. v. 더글러스 카운티 학군 판결(2018)**에서 연방법이 보장하는 적절한 공교육이란 각 학생이 도전적인 목표를 달성할 수 있도록 적절하고도 야심 찬 교육 프로그램을 제공하는 것이며, 교육 프로그램은 학생의 개별 성장 가능성을 충분하게 고려한 후에 결정되어야 함을 판시하였다. 우리는 이번 판결이 모든 학생이 양질의 교육을 받을 수 있도록 더 큰 진전을 일으키는 새롭고 강력한 맥락을 조성하였다고 믿는다.

장애학생을 포함한 모든 학습자들의 교육 환경을 극적으로 변화시키고 있는 상황적 요인은 Endrew의 판결만이 아니다. 전 세계적으로 팬데믹이 발생하기 전에도 이미 개인 맞춤형 학습을 향한 움직임이 있었다. 좋든 나쁘든 팬데믹은 교육에서의 기술 역할을 가속화한 것으로 보이며, 궁극적으로 학교에서 개인화된 자기결정적 학습을 채택하게 될 것이라고 믿는다. 이 책에서도 논의했듯이, 오늘날의 세상은 현재의 교육 시스템과 특수교육 시스템이 각각 구축되던 100년, 50년 전의 세상과는 매우 다르기 때문에 어느 정도 확신을 가지고 이를 말할 수 있다. 이러한 전 세계적인 변화 및 개인 맞춤형 교육과 자기결정적 학습을 향한 노력은 Endrew가 선언한 "통합교육의 4세대"를 실현할 수 있는 기회를 제공하며, 모든 어린이는 학생의 강점과 성장 잠재력에 기반을 둔 도전적인 교육을 받을 기회를 가질 자격이 있다고 믿는다. 완전한 통합이라는 비전을 달성하는 데 걸림돌이 되었던 분리되고 사일로화된 시스템을 버릴 수 있는 특별한 기회가 있다. 더 나아가, 장애 자체를 이해하는 맥락도 극적으로 변화하고 있다. 우리는 역사상 처음으로 강점 기반 패러다임 내에서 교육 지원을 설계하는 접근법에 다가갈 준비가 되어 있다. 강점 기반 접근법은 장애의 사회적 모델에 기반을 두고 있으며, 이는 장애에 대한 이해가 사회의 태도, 구조, 환경과 이러한 맥락에 내재된 제약에 뿌리를 둔다고 가정한다. 이러한 모델과 접근 방식에서 장애는 전형적인 인간 경험의 일부로 간주되지, 분리된 것이라 생각하지 않는다. 장애에 대한 강점 기반 접근법에 근간을 둔 지원 패러다임을 채택하면, 교육자는 오랜 시간 동안 지속되어 왔던 한계와 결핍에 대한 가정을 버리고 모든 학생들이 성공할 수 있는 지원을 설계할 수 있다.

교육이 개인화된 강점 기반 접근법을 채택하고, 자기결정적 학습을 강조하며, 학생이 비장애 또래와 함께 전형적인 맥락에서 성공할 수 있도록 지원을 제공하는 맥락에서의 교사 역할은 필연적으로 변화할 것이다. 하지만 이러한 변화는 특수교사가 더욱 많은 학생에게 긍정적인 영향을 미치고, 학교 전체의 성공에 기여하는 전문성과 경험을 제공하며, 궁극적으로 애초에 교사가 되기로 결심했던 목표를 달성할 수 있는 기회를 제공한다고 믿는다.

이 시리즈의 책은 통합교육 실제를 위한 이론과 실제의 가교 역할을 한다. 즉, 전형적인 교육 환경에서 장애학생을 비장애 또래와 함께 지도하는 교사에게 친화적이고 연구에 기반을 둔 정보를 제공한다. 이 시리즈의 각 권은 학교에서 장애학생의 통합을 강화하는 지원 시스템을 구축하는 데 직접적인 영향을 미치는 새롭고 혁신적인 교육 실제 방향에 초점을 맞춘다. 교육에서의 지원 패러다임 구현, 차별화 교수, 학교 차원의 지원 제공, 팀 티칭과 협력에 대한 책이 개발되고 있는 중이다. 자기결정적 학습, 통합교육 환경에서 핵심 교과목 교육, 통합교육을 증진하기 위한 평가, 통합교육 실제를 촉진하기 위한 공학과 보편적 설계에 대한 역할을 다룬 책도 논의 중에 있다. 이 책의 목적은 이러한 정보를 제공할 미래의 책을 위한 토대를 마련하는 데 있다. 우리의 의도는 모든 학습자의 교육에 영향을 미치는 맥락을 충분하게 설명하고, IDEA와 같은 연방법과 Endrew 판결과 같은 법원의 판결 의도를 파악하는 것이다. 또한, 교육자로서 모든 학생이 자기결정적 학습자가 될 수 있도록 지원하고, 코로나 이후 변화하는 교육 맥락에서 학생이 성공할 수 있도록 지원하는 것에 대한 광범위한 개요를 제공하기 위한 의도가 있다.

차 례

역자 서문 3
도입 5

강점 기반 시대의 통합교육 11

1. 오늘날 특수교육은 무엇인가? 13
통합교육 및 개인 맞춤형 교육

2. 우리의 영향력을 확대할 수 있을까? 35
장애에 대한 강점 기반 접근법

3. 어떻게 하면 더 잘 가르칠 수 있을까? 55
통합 학교와 학급에서의 효과적인 실제

4. 효과가 있는지 어떻게 알 수 있을까? 85
통합교육을 지원하는 증거

5. 여기서 우리는 어디로 가야 할까? 103
통합교육의 4세대

참고문헌 126
찾아보기 143

강점 기반 시대의 통합교육

1

오늘날 특수교육은 무엇인가?

통합교육 및 개인 맞춤형 교육

21세기 학습에 대한 논의에서 자주 듣는 한 가지 주제는 현재의 교육 시스템이 '더 이상 존재하지 않는 경제와 사회(미국교육협회, 2016, p. 5)'를 위해 만들어진, 즉, 과거의 시대를 위해 만들어졌다는 점이다. 현재의 글로벌한 경제 맥락에서 학생들은 더 이상 핵심적인 학업 기술에만 중점을 두고서 성공할 수 없다. 학생들은 소통하고, 창의적이며 비판적으로 사고하고 문제를 해결해 나가며, 자기결정적으로 학습하는 방법을 배워야만 한다.

장애가 있는 학습자의 교육과 관련된 경우에는 위에서 기술한 문제에 대한 논의를 자주 듣지 못한다. 현재 2004년 미국 장애인교육법(Individuals with Disabilities Education Act: IDEA)이라고 불리는 장애인교육법이 50주년을 맞이하고 있다. IDEA 법안이 작성되고 시행되었던 맥락은 현재 장애학생이 교육을 받고 있는 맥락과 다르며, 오늘날 고등학교 졸업 이후의 삶에 대한 요구는 50년 전과는 매우 다르다. 실제로, IDEA에 따라 교육을 받는 학생은 원래 법이 작성될 때 대상이었던 학생과 다르고, 지난 50년 동안 장애를 이해하는 방식이 달라졌다고 생각할 수도 있다.

오늘날의 특수교육이 정확히 무엇을 의미하는지 스스로에게 물어볼 필요가 있다. 지금 우리는 누구를 가르치고 있으며, 무엇을 어디에서 가르쳐야 할까? 물론 '누구를 가르치는가'에 대한 기본적인 대답은 우리는 특수교사로서 IDEA에서 정한 기준에 따라 특수교육 서비스를 받을 자격이 있는 학생을 가르친다는 것이다. 하지만 오늘날 교육이 급진적이면서 체계적으로 변화하고 있다는 점을 고려한다면, 이러한 대답은 전적으로 만족스럽지 않다. 전일제 특수학급의 환경에서는 이러한 대답이 괜찮을 수 있었겠지만(그렇지 않다고 주장할 수도 있겠지만), 일반교육 환경에서 점점 더 많은 학습자를 교육하는 학교 차원의 적용(school-wide application)의 시대로 전환하는 시점에서는 특수교육을 어떻게 이해해야 할까? 다층지원체계(multitiered systems of supports, 2장에서 보다 자세하게 논의함)에서 가정하는 두 가지 전제는 첫째, 모든 학생이 일반교육 환경에서 양질의 교육을 받는다는 것과 둘째, 학습 내용을 공부하는 데 어려움을 보이는 학생이 "특수교육"을 받기 위해 교실 밖의 다른 곳으로 이동하는 것이 아니라, 학생에게 제공되는 교육의 강도, 유형, 질에 변화가 생긴다는 점이다. 논리적으로 볼 때, 다층지원체계와 통합학급 내에서의 특수교사의 역할은 학습에 어려움을 보이는 학생에게 도움이 될 수 있는 전문적인 교수 전략에 대한 지식을 제공하는 것으로 바뀌고 있는 듯하다.

통합교육 맥락에서 특수교사의 역할에 대한 질문은 새로운 것이 아니며, 장애학생을 어디에서 교육해야 하는지에 대한 논의도 끝이 없어 보인다. 오늘날 특수교육에서 새로운 것은 교육 전반이 개인 맞춤형 교육의 시대로 진입하였다는 점이다. 이 장에서는 장애학생의 교육에 대한 기대치를 높였던 최근 미국 대법원 판결의 맥락에서 특수교육의 의미와 요구사항에 대한 역사적 개요를 제공하고자 한다. 2장에서는 장애를 이해하는 방식의 변화와 '오늘날 특수교육은 무엇인가?'라는 질문에 답하는 데 도움을 주는 장애학생 교육에 대한 강점 기반 접근 방식에 대한 쟁점을 논한다.

IDEA와 최소제한환경

특수교육의 의미를 이해하고 "누구에게" "어디서" 교육을 실시하는지에 대한 질문을 해결하기 위해서 1975년 공법 94-142[당시 모든 장애아동을 위한 교육법(Education for All Handicapped Children Act: EHA)으로 불리던 법안]부터 살펴보도록 한다. 이러한 역사적인 맥락에서 "우리가 누구를 가르치는가"에 대한 질문은 비교적 명확하다. 장애 범주 영역이 확대되었지만, EHA와 IDEA는 특수교육대상자를 (a) 법에 분류된 장애 중 하나를 가진 아동으로 확인되고 (b) 해당 장애로 인해 학교에서 성공하기 위해 특수교육이 필요한 학생이라는 두 가지 기준을 충족하여 특수교육을 받을 자격이 있는 학생으로 동일하게 정의를 내린다. 2장에서는 성공하는 것에 대한 기준과 '장애'를 '가진' 아동과 관련된 가정을 보다 자세히 논의하겠지만, 지금 여기에서는 다학문적이고 비차별적인 평가 과정을 통해 장애가 있고 학습에 특수교육이 필요한 것으로 판별된 아동이 역사적으로 특수교사가 지도하는 대상 집단을 구성한다는 점까지 이야기하도록 한다.

그렇다면 자격을 갖춘 아동이 특수교육이 필요한 경우, '특수교육이란 정확히 무엇인가?'라는 논리적인 질문으로 이어진다. EHA와 그 이후 IDEA는 **특수교육**을 "특별히 설계된 교육"으로 정의한다(IDEA 규정, 34 C.F.R. §300.39(a)(1)).

특별히 설계된 교육은 다시 다음과 같이 정의된다.

> 아래의 두 가지를 위해 적격 아동의 요구에 적절하도록 교육 내용, 방법, 교육 제공 방식을 조정한다.
>
> (i) 아동의 장애로 인해 발생하는 아동의 독특한 요구를 해결하기 위해

(ii) 아동이 공공 기관의 관할권 내에서 모든 아동에게 적용되는 교육적 기준을 충족할 수 있도록 일반 교육과정에 대한 접근을 보장하기 위해(§300.39(b)(3); https://sites.ed.gov/idea/regs/b/a/300.39)

이처럼 특수교육이란 아동의 장애로 인해 발생하는 **독특한** 학습 요구를 다루고, 일반 교육과정에 대한 접근을 보장하기 위해 **교육 내용, 방법, 또는 교육 제공 방식**을 조정하는 특별히 설계된 교수를 의미한다.

"특수교육"은 비록 자주 이러한 의미로 사용되기는 하지만, 학생들이 교육을 받는 장소(특수학급 등)를 의미하는 것이 아니다. IDEA에서 정의된 특수교육이란 장소가 아니라 특별한 교수 혹은 교육 내용의 제공을 의미한다. 특별히 설계된 교수가 이루어지는 장소를 검토하기 위해서는, EHA/IDEA의 두 가지 요소, 즉 (a) 보조 도구 및 서비스 제공 조건과 (b) 최소제한환경(LRE) 요건을 고려할 필요가 있다.

"특수교육"은 비록 자주 이러한 의미로 사용되기는 하지만 학생들이 교육을 받는 장소(특수학급 등)를 의미하는 것이 아니다.

보조 도구 및 서비스

특수교육(특별히 설계된 교수)은 교육 제공 방식, 교육 내용, 방법에 대한 조정을 의미한다. EHA와 IDEA는 보조 도구 및 서비스를 제공할 것을 요구하며, IDEA 규정(§300.42)은 보조 도구 및 서비스를 다음과 같이 정의한다.

> 장애아동이 비장애아동과 함께 교육받을 수 있도록 일반교육 수업, 기타 교육 관련 환경, 정규 과목 이외의 활동과 비교과 환경에서 제공되는 도구, 서비스, 기타 지원을 의미한다. 이러한 지원은 §§300.114부터 300.116까지의 규정에 따라 가능한 한 적절한 최대 범위까지 제공된다.(https://sites.ed.gov/idea/regs/b/a/300.42)

이러한 보조 도구, 서비스 및 기타 지원은 특별하게 설계된 교육을 구성하는 교수, 교육 내용 및 방법에 대한 조정과 구분되는 다양한 전략, 조정 및 수정을 의미한다. 즉, 보조 도구 및 서비스는 학습을 지원하는 비교수적인 수정과 지원/서비스를 나타낸다. 표 1.1은 보조 도구와 서비스 영역, 목적 및 예시를 제공한다.

표 1.1 보조 도구와 서비스 영역, 목적 및 예시

영역	목적	예시
학교 건물 및 시설	모든 물리적 공간은 장애아동이 비장애아동과 함께 교육을 받고 일반 교육과정에 참여하고 발전하며, 고유한 학습 요구를 해결할 수 있도록 신체적, 감각적, 인지적 접근성을 보장하도록 설계되어야 한다.	• 엘리베이터 • 넓은 문 • 도로 경계석 및 경사로 • 점자 및 인지적으로 접근 가능한 표지판 • 이동식 화장실, 식당 및 기타 교육 시설 이외의 시설
교실 및 교육 공간	모든 교육 공간은 장애아동이 비장애아동과 함께 교육을 받고 일반 교육과정에 참여하고 발전하며, 고유한 학습 요구를 해결할 수 있도록 신체적, 감각적, 인지적 접근성을 보장하도록 설계되어야 한다.	• 좌석 배치 • 교실 배치 • 좌석의 종류 • 음향 • 조명
교육 공학 및 장비	장애아동이 비장애아동과 함께 교육을 받고, 일반 교육과정에 참여하고 발전하며, 고유한 학습 요구를 해결할 수 있도록 기술 및 교육 관련 장비를 제공한다.	• 컴퓨터, 태블릿 및 기타 교육용 장치 및 소프트웨어 • 보조 공학 • 보완 의사소통 장치 • 계산기 • 워드 프로세서
교육 자료와 내용 제시	장애아동이 비장애아동과 함께 교육을 받고, 일반 교육과정에 참여하고 발전하며, 고유한 학습 요구를 해결할 수 있도록 모든 교육 자료와 교육 내용 제시가 보편적으로 설계되었는지 확인한다.	• 디지털 음성 도서 • 선행 조직자 • 멀티미디어 프레젠테이션

일정과 과제 수정	장애아동이 비장애아동과 함께 교육을 받고, 일반 교육과정에 참여하고 발전하며, 고유한 학습 요구를 해결할 수 있도록 교육 일정, 활동 및 평가에 대한 조정 및 수정을 제공한다.	• 추가 시간 • 대필 • 노트 필기 • 구두 발표 • 수정된 독서 수준 • 휴식
사람들	장애아동이 비장애아동과 함께 교육을 받고 일반 교육과정에 참여하고 발전하며, 고유한 학습 요구를 해결할 수 있도록 교사, 실무원 및 또래 지원을 제공한다.	• 교사 역할 • 실무원(지원인력) 역할 • 또래와 급우 역할 • 협력 및 계획을 위한 시간 • 트레이닝 및 전문성 개발

따라서 **특수교육**은 교수, 방법 및 교육 내용에 대한 조정을 의미하며, **보조 도구 및 서비스**는 교수, 방법 및 교육 내용에 대한 조정과는 구별되는 맥락에서의 조정과 수정을 뜻한다. IDEA는 또한 관련 서비스를 제공할 것을 요구한다. IDEA(§300.34(a))는 기본적으로 다음과 같은 많은 서비스를 나열하며 관련 서비스를 정의한다.

> 관련 서비스는 장애아동이 특수교육의 혜택을 받는 데 필요한 교통편과 개발, 교정 및 기타 지원 서비스를 의미하며, 이는 언어 병리학 및 청각 서비스, 통역 서비스, 심리 서비스, 물리치료 및 작업치료, 레크리에이션(치료적 레크리에이션 포함), 아동의 장애를 초기에 판별하고 평가하는 서비스, 상담 서비스(재활 상담 포함), 방향정위 및 이동 서비스, 진단이나 평가를 목적으로 한 의학적 서비스를 포함한

다. 관련 서비스에는 학교 보건 서비스 및 학교 간호 서비스, 학교에서의 사회 복지 서비스, 부모 상담 및 교육도 포함된다.(https://sites.ed.gov/idea/regs/b/a/300.34)

학생이 관련 서비스를 받을 자격이 있는지의 여부에 대한 핵심은 정의에 명시되었듯이 해당 서비스가 "특수교육에서 혜택을 받을 수 있도록 장애아동을 지원하기 위해 필요한지"이다. 혜택과 관련된 쟁점은 다시 다루도록 한다.

최소제한환경

IDEA에서 가장 자주 잘못 해석되는 요구사항 중 하나는 최소제한환경 의무와 관련이 있다. IDEA(§300.114(a)(2))에서 최소제한환경을 정의한 방식은 다음과 같다.

각 공립기관은 다음과 같은 사항을 보장해야 한다.

(i) 최대한의 적절한 범위 내에서, 공립 또는 사립 기관이나 다른 보호 시설에 있는 아동들을 포함하여 장애아동은 비장애아동과 함께 교육을 받는다.

(ii) 특수학급, 분리교육 또는 일반교육 환경에서 장애아동을 분리하는 것은 장애의 특성 혹은 장애의 심각성으로 인해 보조 도구 및 서비스를 사용하여도 일반 학급에서 만족스

럽게 학습을 달성할 수 없을 경우에만 일어난다.(https://sites.ed.gov/idea/1tegs/b/b/300.114)

최소제한환경 의무가 실제로 무엇을 의미하는지 살펴보기 전에, 최소제한환경의 개념이 1975년 EHA에 포함된 법적 근거를 이해해야 한다. IDEA의 최소제한환경은 최소 제한적 대안(least restrictive alternative)이라는 법적 원칙에서 비롯되었으며, 이는 만약 정부가 시민의 자유를 어떤 식으로든 제한하려고 한다면, 정부는 "그 사람의 자유를 가장 제한적인 방식으로, 국가에서 사용 가능한 다른 방법보다 덜 강력한 방식으로" 제한해야 하는 헌법적 의무가 있다는 주장이다. EHA가 전면으로 시행된 지 몇 년 만에 Turnbull(1981, p. 26)은 최소 제한적 대안을 "정부가 적절한 정부 조치를 시행하는 영역에서도 국민의 삶과 권리에 대한 정부 침해를 제한하는 방법"이라고 설명하였다. 이제 공립학교는 정부의 기관이므로 최소 제한적 대안의 원칙을 준수해야 한다는 점을 기억하면서 최소제한환경을 살펴보도록 한다. 장애아동이 비장애아동과 최대한의 적절한 범위 내에서 함께 교육을 받아야 한다는 문구는 본질적으로 최소 제한적 대안을 구성하는 것이 무엇인지를 설명한다. 최소제한환경의 두 번째 부분은 최소 제한적 대안을 넘어서는 정당한 사유가 될 수 있는 상황에 대한 지침을 학교에 제공한다. 즉, 일반교육 환경에서 장애아동을 분리하는 것은 "장애의 특성 혹은 장애의 심각성으로 인해 보조 도구 및 서비스를 사용하여도 일반 학급에서의 학습을 만족스럽게 달성할 수 없을 경우에만 일어난다."

특수교육은 수업, 방법 및 내용에 대한 조정을 의미하며, 보조 도구 및 서비스는 수업, 방법 및 내용에 대한 조정과는 구별되는 맥락에서의 조정과 수정을 뜻한다.

일반교육 환경에서의 분리에 대한 정당성을 좀 더 살펴보도록 한다. 이에 대한 일반적인 이해는 **장애의 특성과 심각성**에 따라 학생이 일반교육 환경이 아닌 다른 환경에서 교육을 받아야 하는지의 여부가 결정된다는 점이다. 즉, 대부분의 IEP(개별화교육프로그램) 팀은 학생의 장애 특성과 심각성을 먼저 살펴보고 일반교육 환경 내 또는 외부의 배치를 결정한다. 이 경우, 특정 유형의 장애와 심각성 수준을 가진 학생들에 대한 그들의 신념도 고려한다. 이것이 바로 EHA/IDEA의 역사 속에서 통합 혹은 분리가 실행되어 온 방식이며, 오늘날 지적장애학생의 17%와 정서행동장애학생의 절반 미만의 학생들이 하루의 80% 이상을 일반교육 환경에서 교육을 받는 이유이다.

최소제한환경의 관점에서 일반교육 환경에서의 분리는 학생이 보조 도구 및 서비스를 사용해도 일반교육 환경에서 성공할 수 없을 경우에만 발생함을 명시한다. 이것은 우리에게 몇 가지를 의미한다. 첫째, 최소제한환경에서의 특수교육(특별히 설계된 교수)은 교수의 제공, 교육내용, 방법을 조정하는 것이 학생이 교육을 받는 맥락에 한정되는 것이 아님을 의미한다. 둘째, 연방법이 우선하는 교육의 맥락은 일반교육 환경이며, 이러한 맥락 내의 학생은 일반교육 환경에서 특별히 설계된 교육으로부터 혜택을 받을 수 있도록 표 1.1에 제시된 보조 도구 및 서비스를 지원받는다는 것을 알려준다. 그리고 최소제한환경의 요건에 대한 논의를 마무리하자면, 미국 교육부 특수교육 프로그램 사무국의 관계자는 "일반교육 환경"을 "비장애아동이 참여하는 정규 교실, 급식실과 운동장과 같은 학교의 기타 환경"을 포함하는 것으로 정의 내리고 관련 지침을 발표하였다(71 Fed. Reg. 46585, 2006).

일반교육 환경에서 장애아동을 분리하는 것은 장애의 특성 혹은 장애의 심각성으로 인해 보조 도구 및 서비스를 사용하여도 일반 학급에서의 학습을 만족스럽게 달성할 수 없을 경우에만 일어난다.

따라서 특수교사가 학생들을 교육해야 하는 곳은 IDEA에서 일반교육 환경이라고 부르는 가장 제한이 적은 환경이어야 한다. 특수교사는 기본적으로 일반교육 환경에서 특별히 설계된 교육을 제공하고 보조 도구 및 서비스를 제공할 책임이 있다. 학생이 그러한 환경에서 성공하지 못하는 경우에만 해당 학생을 분리시키는 결정을 고려해야 한다. 이 책과 Norton Inclusive

Education for Students With Disabilities 시리즈의 후속 교재에서 자세히 다루겠지만, 학교 차원 및 다층지원체계, 학습을 위한 공학 및 보편적 학습설계, 모든 학생을 위한 개인 맞춤형 학습의 증가, 기타 여러 다른 요소들이 발전함에 따라 모든 아동이 각 아동의 성장 가능성을 고려하여 적절하고 야심 찬 교육을 받을 수 있다는 약속과 잠재력이 있다.

최소한을 넘어서

이전 영역의 마지막 부분에서 의도적으로 **적절하고 야심 찬 교육** 및 **잠재력**이라는 용어를 사용하였다. 이러한 용어는 IDEA에서 요구하는 **적절하고 유익한** 교육 프로그램을 구성하는 요소를 확립하고, 통합과 강점에 기반한 시대에 특수교육이 무엇인지에 대한 해답의 일부가 되는 2017년 미국 대법원 판결에서 가져온 것이다. 먼저, 적절한 교육의 요건(IDEA가 요구하는 무상의 적절한 공교육과 마찬가지로)이 IDEA가 실행된 기간 동안 어떻게 해석되어 왔는지 이해하는 것이 중요하다.

1982년 미국 대법원은 **Board of Education of the Hendrick Hudson Central School District v. Rowley** 판결(458 U.S. 176)을 통해 향후 25년간 장애학생에게 적절한 교육이 무엇인지에 대한 기준을 정립하였다. 법원은 EHA가 주 정부에 "비장애학생에게 제공되는 기회에 상응하도록 장애아동의 잠재력을 극대화하는 것"을 요구하는 것은 아니라고 하였다. 오히려, 주 정부는 "장애아동에게 교육적 혜택을 제공할 수 있도록 개별적으로 설계된 특수교육 및 관련 서비스"를 제공할 필요가 있다. 즉, 학군은 장애학생에게 최고의 학업 성취를 달성하도록 장려하는 IEP를 개발하거나 최상의 가능한 프로그램을 제공할 의무는 없으며, 단지 학생에게 어떤 방법으로든 도움이 된다고 합리적으로 생각되는 프로그램을 제공할 의무가 있다(Weatherly & Conrad, 2016).

이러한 기준에 대한 문제점은 상당히 많다. 우선, "교육적 혜택을 제공하기 위해 설계된 프로그램"을 구성하는 것이 대체로 서류 작업을 위한 기준이 되어, 학교들이 EHA/IDEA에 규정된 절차를 준수하고 있음을 문서화하는 데 상당한 노력을 기울였다. 또한, 교육적 혜택을 구성하는 것은 바라보는 사람의 시각에 따라 다를 수 있으며, 교육자 및 기타 관계자가 학생에 대한 기대치가 낮다면 "학생의 잠재력"에 기반을 둔 프로그램도 의미 있는 혜택이 거의 또는 전혀 없을 수 있다.

2살 때 자폐를 진단받은 학생 Endrew F.를 소개하고자 한다. Turnbull 등(2019)에서 설명한 대로, Endrew는 콜로라도에서 한 학군의 유치원에 입학하여 유치원에서 초등학교로 진학하였다. 하지만 Endrew가 초등학교 4학년이 될 무렵, 부모는 Endrew가 보이는 진전에 불만을 품게 되었다. Endrew는 수업 시간에 소리를 지르고, 가구 위로 올라가고, 가끔씩 학교에서

도망을 치는 등 학습에 방해가 되는 행동을 보였다. Endrew의 부모는 해마다 같은 목적과 목표를 가진 IEP가 반복되고, 반복이 되는 목표에서조차 Endrew가 의미 있는 진전을 보이지 못한다고 생각하여 좌절감을 느꼈다. 2010년 4월, 학군은 Endrew의 부모에게 5학년 IEP를 제시하였는데, 부모는 IEP가 기존과 비슷하다고 판단하여 Endrew를 공립학교에서 자폐아동을 위해 설립된 사립학교로 전학을 보냈다.

Endrew는 새로운 학교에서 진전을 보였고, 새 학교는 Endrew의 행동 문제를 해결하기 위한 행동중재계획을 실행하고, 보다 도전적인 학습목표를 설정하였다. Endrew의 부모는 그가 보이는 진전 상황과 성취 방법에 대한 정보를 공립학교 교육구로 보내어, Endrew를 다시 공립학교로 옮기고 사립학교에서 시행하는 유익한 교육 프로그램을 받도록 하고 싶었다. 하지만 2010년 4월에 받았던 내용을 반복하는 수준의 IEP를 받게 되었고, 그의 부모는 이를 거부하고 Endrew를 사립학교에 머무르게 하였다. 2012년 2월 Endrew의 부모는 미국 교육부에 사립학교에 그들이 납부했던 교육료를 환불해 달라는 민원을 제기하였다. 교육료를 환불받기 위해서 법적으로 충족해야 하는 기준은 Endrew가 사립학교로 입학하기 전에 해당 학군에서 적절한 무상의 공교육을 제공하지 않았다는 것이었다. Rowley 판례에 따라, 부모는 가장 마지막 IEP가 Endrew가 교육적 혜택을 받을 수 있도록 합리적으로 계산되지 않았다고 주장하였다. 재판 과정 이전의 법정 외 분쟁 해결 과정으로부터 시작하여 연방 지방 법원 및 제10순회 항소법원(Tenth Circuit Court)[1]의 결정에 따르면, Endrew가 교육적 성장과 진전을 많이 보인 것은 아니지만, 공립학교에서 작성한 연간 IEP는 최소한의 진전 패턴을 보인다는 결론을 내렸다.

2017년 1월, 가족 측 변호사와 학교 측 변호사는 미국 대법원에 각자의 입장을 주장하였다. 2017년 3월에 발표된 보고서에 연방대법원은 제10순회 항소법원의 판결을 다음과 같이 요약하였다.

> [*Rowley*를 언급하며] 그간 우리는 아동의 IEP가 "교육적 혜택을 부여하기에 충분하다면, 그것이 최소한의 정도의 이상이라면" 적절하다고 해석해 왔다. 이 기준을 적용하여 제10순회 항소법원은 Endrew의 IEP가 "[그가] 어느 정도의 진전을 보일 수 있도록 합리적으로 계산되었다"는 입장을 보였다(137 S. Ct. 988 [2017]).

최소한(De minimis)이라는 용어는 법률 및 회계 분야에서 중요성과 가치가 부족하다는 의미로 사용된다. 따라서 대법원은 Endrew F. 사건 이전, 즉 이 특정 사건에 대한 이전 법원의 판결과 더 일반적으로는 Rowley의 사건 이후 하급 법원의 판결을

1 미국 연방 법원 시스템에서 중요한 위치를 차지하는 법원 중 하나임

단지 최소한의 진전을 초과하는 혜택만을 요구하는 것으로 요약하였다.

대법관들은 Endrew F. 사건에서의 주요 논점을 고려하면서 다음과 같이 결론을 내렸다.

> 모든 사항을 고려할 때, 학생이 해마다 "단지 최소한의" 진전을 제공하는 교육 프로그램을 제공받는다면, 이는 교육을 받았다고 말할 수 없다. 장애아동이 너무 낮은 목표의 교육을 받는다는 것은 "중퇴"할 수 있을 만큼 나이가 들 때까지 멍하니 앉아서 기다리는 것과 같다고 할 수 있다. 아동의 상황에 맞게 아동이 적절한 진전을 이룰 수 있도록 합리적으로 계산된 교육 프로그램을 필요로 한다(https://www.supremecourt.gov/opinions/16pdf/15-827_0pm1.pdf, p. 14).

Endrew F. 판결은 적절한 교육에 대한 새로운 기준을 정립하였으며, 이는 다음과 같다.

- 아동의 교육 프로그램은 아동의 상황에 맞게 **적절하게 야심 찬 것**이어야 한다.(p. 3)
- 목표는 다를 수 있지만, 모든 아동은 **도전적인 목표**를 달성할 수 있는 기회를 가져야 한다.(p. 3)
- IEP는 형식적인 문서가 아니다. IEP는 아동의 현재 성취 수준, 장애, **성장 잠재력**을 고려한 후 작성된다.(p. 12)

• 특정 IEP의 적절성은 IEP가 작성된 아동이 처한 고유한 상황에 따라 달라진다.(p. 13)

근본적으로 Endrew F. 사건에서 미국 대법원은 적절하고 유익한 교육에 대한 이해를 바꾸었다. 아동의 교육 프로그램은 적절하게 야심적이어야 하고, 모든 아동은 도전적인 목표를 달성할 수 있는 기회가 있어야 한다. 교육 프로그램은 아동의 상황 내에서 적절하게 야심적이어야 할 것이며, 현재 아동의 성취 수준과 장애에만 의존할 것이 아니라, 아동의 성장 잠재력과 아동이 처한 고유한 상황을 고려해야만 한다.

Endrew F.의 기준은 **최소한(de minimis)**의 기준보다 훨씬 높은 기준을 제시할 뿐 아니라, 이 장의 서두에서 언급한 바와 같이, 장애학생의 교육을 개인 맞춤형 학습과 밀접하게 연계하고 있다고 생각한다. 즉, 아동의 교육 프로그램은 적절하게 야심차고 도전적인 목표를 제공해야 하며, 아동이 처한 특별한 상황(이는 아동의 특별한 관심사, 능력, 강점, 교육적 요구)에 기반하고 아동의 성장 잠재력을 고려해야 한다. 개인 맞춤형 학습과 강점에 기반한 접근법의 시대에는 이러한 공식이 거의 모든 아동에게 적용될 수 있다.

프로그램은 아동의 현재 성취 수준과 장애에만 의존하기보다는,
아동의 성장 잠재력과 아동이 처한 고유한 상황을 고려해야만 한다.

결론

이 장에서는 "오늘날 특수교육이란 무엇인가?"라는 질문을 던지는 것으로 시작했다. 그 질문에 답하기 위한 몇 가지를 제시하였다. 첫째, 특수교육은 특별히 설계된 교육으로 학생이 보내지는 장소를 의미하는 것은 아니다. 또한, 극적인 교육 개혁의 시대에 특수교사가 지닌 도구, 지식 및 전략은 학습을 맞춤화하고 학생의 주체성을 촉진하기 위한 교육 시스템 노력의 일부가 되어야 한다는 점을 이해해야 한다. 교육의 모든 측면과 마찬가지로, 특수교육의 맥락도 변화하였으며, 무엇보다도 중요한 점은 지금도 계속해서 빠르게 진화하고 있다는 점이다. 교육은 학생이 의사소통, 창의력, 비판적 사고, 문제해결력, 협력과 같은 기술을 습득해야 한다는 변화하는 글로벌 요구에 부응하고 있다. 점점 더 개인화된 학습 기회를 제공하고, 학생의 강점과 관심사에 초점을 맞추어 학생의 주체성을 촉진하고 동기를 강화하며, 모든 학생이 성공하기 위해서 한 가지의 기술 세트만 습득해야 한다는 개념에서 벗어나고 있다. 이러한 트렌드는 일반교육만큼이나 특수교육에도 중요하며, 이 부분에 대해서는 책 전반에 걸쳐 지속적으로 강조할 것이다.

둘째, 우리는 IDEA가 최소제한환경의 원칙에 따라 장애아동을 일반교육 환경에서 교육하는 것을 명확하게 선호한다고 제안하였다. 너무 자주 그렇게 해석이 되지는 않지만, IDEA의 최소제한환경 요건은 학생이 보조 도구와 서비스 및 특별히 설계된 교육을 제공받았음에도 성공할 수 없는 경우에만 일반교육 환경에서 분리한다는 것을 분명히 하고 있다. 또한, 장애학생이 그들의 비장애 또래와 함께 일반교육 환경에서 교육받는 것을 달성하는 데 있어 점진적이지만 꾸준한 진전이 있었다. 교육 현장에서는 모든 장애학생을 교육하기 위해 학교 차원의 접근 방식, 접근성을 보장하기 위한 기술 및 보편적 설계의 활용, 학생 주체성과 자기결정 강조에 집중할 필요성을 인식하고 있다. 이러한 목표는 모든 아동을 교육할 때 중요하고, 교육자가 개별화된 학습을 위한 기술을 가지고 있어야만 하며, 논리적으로 일반교육 환경에 가장 잘 맞아떨어진다.

우리는 왜 일부 아동이 일반교육 환경에서 양질의 교육에서 계속 배제되는지에 대해 질문할 필요가 있다. 여기서 우리가 제안하는 해답 중 하나는 배치 결정을 내릴 때 최소제한환경 요건이 아동의 장애 특성과 중증도를 이해한다는 의미로 잘못 해석되어 왔다는 점이다. 그러나 이는 다양한 지원과 서비스를 제공하는 전형적인 교육 환경에서 학생이 성공적으로 교육을 받을 수 없을 경우에만 분리해야 한다는 최소제한환경의 요건, IDEA의 일반교육 교육과정 참여 및 진보에 대한 높은 기대치, 그리고 모든 아동의 교육 프로그램은 적절하게 야심적이어야 하고 모든 아동이 도전적인 목표를 달성할 기회를 가져야 하며 IEP는 아동의 성장 잠재력과 아동이 처한 고유한 상황을 고려해야 한다는 대법원의 Endrew F. 판결의 기대에 반하는 것으로 보인다.

학습 성찰 질문

1. IDEA의 최소제한환경 요건 해석에 영향을 미친 요인은 무엇인가?
2. 장애학생 교육에 영향을 미치는 글로벌 교육 트렌드는 무엇인가?
3. Endrew 대법원 판결은 "무상의 적절한 공교육"을 이해하는 방식을 어떻게 바꾸었나?

2

우리의 영향력을 확대할 수 있을까?

장애에 대한 강점 기반 접근법

이 장에서는 왜 장애아동에게 낮은 기대치를 갖고, 장애아동이 분리된 환경에서 교육을 받아야 하는지에 대한 질문을 다룬다. 1장 '특수교육이란 무엇인가?'에 대한 중점 질문을 '통합적이고 강점에 기반한 시대'에서 답하기 위해 2004년 장애인교육법(IDEA)의 전신인 1975년 모든 장애아동을 위한 교육법(EHA)인 공법 94-142로 거슬러 올라간다. 같은 맥락으로, 장애아동이 계속해서 분리되고 낮은 기대를 받는 이유를 이해하기 위해서는 EHA부터 살펴보기로 한다.

특수교육에서 우리가 누구를 가르치는지에 대한 질문은 EHA가 통과된 다음 날로 거슬러 올라간다. Lance(1976)는 EHA에서의 '모든'[2]이 누구를 의미하는 것인지에 대한 논문을 발표하였다. EHA가 제정된 지 1년 만에, 그리고 법이 전면 시

2 EHA는 Education for All Handicapped Children Act로, 여기서의 'All'(모든)을 의미함

행되기 2년을 앞두고 발표된 이 논문에서 Lance는 "전통적인 교육 실제로부터 혜택을 받는 것과 관련하여 능력이 명백하게 다른 개인에게 다른 치료법을 제공할 필요성을 인식"(p. 68)하는 것으로 특수교육이 만들어진 이유를 설명하였다. Lance는 이 논문의 논의에서 1974년 특수아동위원회(Council for Exceptional Children: CEC)의 결의안을 인용하며, 이러한 혜택을 받지 못했던 아동을 "교육자가 추가적으로 손상을 예방하고 이미 발생한 손상을 치료할 수 있는 프로그램을 제공할 책임이 있는 아동"(p. 72)이라고 기술하였다.

Wehmeyer(2019)는 이러한 기술이 법이 통과될 당시 EHA와 특수교육의 목적이 논의된 전형적인 방식이었으며, 이러한 논의의 대부분에서 Lance와 특수아동위원회(CEC)에서 사용한 것과 같은 **치료, 예방, 손상, 부상과 같은 용어**가 사용되었음을 지적하였다. 이러한 용어는 모두 의학 용어이다. EHA의 목적은 당시 의학적인 용어로만 이해되었던 장애아동을 치료하는 것, 즉 **미래의 손상과 장애를 예방하고 장애로 인한 부상, 손상, 피해를 줄이는 것**에 목적을 두었음을 알 수 있다. 이러한 목적은 당시 장애를 이해하던 방식과 일치하였으며, 이 장에서는 장애가 어떻게 이해되었고 이해되고 있는지, 이러한 이해의 변화가 통합교육 및 개인 맞춤형 교육에 어떻게 도움이 되는지에 대해 초점을 맞춘다.

장애 이해하기

먼저 장애를 이해하는 방식이 장애가 있다고 판단되는 사람을 지원하기 위한 중재를 설계하는 방법에 직접적이고 인과적인 영향을 미친다는 사실을 살펴보자. 우리는 장애를 이해하는 방식과 이와 관련된 치료 패러다임의 이중적인 용어로 장애 역사의 시대를 명명하거나 설명하곤 하였다. 따라서 Thompson 등(2017)은 장애 서비스에서 중요한 두 가지의 역사적 패러다임을 의료/시설 패러다임과 정상화/지역사회 서비스 패러다임으로 구분하였다. 그러나 사실상 두 패러다임 모두 장애에 대한 생의학적 모델에 근거를 둔다.

프로그램은 아동의 현재의 성취수준과 장애에만 의존하기보다는 아동의 성장 잠재력과 아동의 고유한 상황을 고려해야만 한다.

장애의 생의학적 모델

장애 서비스 분야의 역사에서 1세기 동안 장애를 정의하는 작업은 이 분야를 구축하고 최초의 서비스 체계를 만든 전문가들에게 맡겨졌다. 이들은 장애의 생의학적 모델을 고수하는 의료 전문가들이었다. 간단히 말하자면, 이러한 모델은 장애를 장기적 혹은 만성적 건강 상태의 맥락에서 질병이나 손상으로부터 발생하는 내부 병리로 간주한다(Wehmeyer, 2013). 장애를 이렇게 이해하면 중재나 치료는 당연히 의료적인 지향성을 가지게 된다. 장애의 초기 역사는 의료 전문가들이 의학적 모델과 의료 실제를 사용하여 설계한 치료법을 시행하는 병원과 기관의 발전 및 확장의 역사이다(Smith & Wehmeyer, 2012). 원래는 재활의 목적이 있었으나, 이러한 서비스는 점점 더 분리되어 기껏해야 보호와 치료, 최악의 경우에는 고립과 제한을 목적으로 하는 대규모의 집단 환경을 포함하게 되었다.

20세기 중반까지 장애 분야의 전문화는 심리학자, 모든 종류의 치료사, 교육자, 지원 스태프 등으로 확산되었으며, 이들 모두는 장애에 대한 생의학적 이해 내에서 활동하였다. 결국 이러한 역사적 기관 패러다임의 남용과 오점이 너무 명백해지자 가족 구성원(대부분 부모와 일부 전문가)은 다른 것을 요구하기 시작하였다(Abeson & Davis, 2000). 무엇이든 가능하다는 2차 세계대전 후의 시대 정신에 힘입어 이 옹호자들은 지역사회에 기반을 둔 서비스 체계를 구축하여 세기말까지 장애인이 사는 곳을 근본적으로 변화시켰다. 이들은 법원과 법률을 통해, 그리고 혁신적인 지원을 통해 이를 실현하였다. 또한 장애아동이 학교를 다닐 수 있도록 기회를 만들었다. 소위 부모 운동이라고 불리는 이 운동은 본질적으로 우리가 현재 IDEA라고 부르는 법을 확립하였다.

하지만 2차 세계대전 이후 많은 발전에도 불구하고 장애를 이해하는 방식은 근본적으로 변하지 않았다. 장애를 병리, 결함, 결핍의 용어로 개념화하려는 생의학적 모델 내에서 장애가 지속적으로 이해되어 왔다. 따라서 새롭게 만들어지는 특수교육 체계는 장애를 병리 및 결함으로 이해하고, 서비스 의료적 모델의 교육 버전을 만들게 되었다. 이는 분리된 교실과 건물에서 치료, 예방, 손상 및 부상의 감소를 강조한다(Lance, 1976으로 거슬러 올라간다).

장애의 사회적 모델

그러나 장애를 이해하는 방식을 바꾸려는 움직임이 있었고, 이는 의료 시스템 자체에서부터 시작되었다. 의료 전문가들은 장애를 포함하여 장기적이거나 만성적인 의료 문제를 질병과 결함의 모델에서 개념화하는 데 한계가 있다는 결론을 내렸다. 1980년 세계보건기구(WHO)는 International Classification of Impairments, Disabilities, and Handicaps(ICIDH)를 발표하였다. 이를 발표하기 전에, 세계보건기구는 다양한 범주의 장애(disability)를 질병(disease) 혹은 장애(disorder)에 포함하였지만, ICIDH는 이를 탈피하였다. ICIDH는 질병(disease)이나 장애(disorder)를 분류하는 것이 아니라, 질병, 부상 및 기타 장애(disorder)의 결과와 이들이 사람의 삶에 미치는 영향을 분류하는 목적으로 만들어졌다. 적어도 대규모의 시스템 수준에서 처음으로 장애가 건강상의 문제에 따른 기능이 아니라, 개인이 기능하고자 하는 맥락에서 건강과 관련된 쟁점과 그 개인 특성 간의 상호작용으로 인식되었다.

2001년, 세계보건기구는 이러한 생각을 보다 발전시켜 International Classification of Functioning, Disability, and Health(ICF)를 발표하였다. ICF는 장애에 대한 이해를 건강, 환경, 개인적 요인 간 상호 관계의 기능으로 확장하고, 장애를 전형적인 인간 기능과 별개가 아닌 일부의 개념으로 개념화하였다. ICF와 같은 장애 모델은 이제까지 (생의학적 모델에서처럼) 개인의 내부에 두었던 장애의 원인을 개인의 능력/역량과 환경의 요구 사이에서의 불일치로 이해하기 때문에 사회-생태학적 혹은 개인-환경 적합 모델로 구분된다. 즉, 장애는 사람이 할 수 있는 것과 그들이 원하는 것 사이에 격차가 발생할 때 존재한다는 것이다(Buntinx, 2013).

장애는 사람이 할 수 있는 것과 그들이 원하는 것 사이에 격차가 발생할 때 존재한다.

두 번째로, 같은 시기에 어쩌면 더 중요한 장애인 권리 운동이 일어나고 있었다. 이 시대에는 무상의 적절한 공교육을 받을 권리를 포함하여 중요한 시민권 법안이 제정되었다. 동시에 장애인들은 장애인 권리 및 자기 옹호 운동을 만들기 위해 함께 모여들었다(Driedger, 1989). 권리에 기반한 자기 옹호 운동에서 강조한 한 가지는 "긍정적인 장애 정체성과 문화의 발전"이었다(Caldwell, 2011). Longmore(2003)는 장애 정체성과 문화의 확립을 장애 권리 운동의 두 번째 단계라고 지칭하였고, Longmore와 Umansky(2001)는 다음과 같이 주장하였다.

> 공공 정책은 장애를 일반적인 범주로 규정하고 다양한 조건을 가진 사람들을 분류하려 하였지만, 장애는 결코 단일한 집단으로 분류된 적이 없다. 항상 다양한 장애 경험이 존재하여 왔다. 문화적으로 평가 절하되고 사회적으로 부여된 제한을 경험하고, 자기 정의와 자기결정을 위해 개인적 · 집단적 투쟁을 한 경험은 다양한 장애 집단과 그들의 개인사를 통해 반복된다.(p. 4)

장애 권리와 자기 옹호 운동의 리더들은 장애 정체성을 포용함으로써 자신의 인격을 되찾고 사회 정의, 완전한 시민권, 참여권을 주장할 수 있다고 강조한다. 이 운동에서 등장한 것은 장애에 대한 사회적 모델인데, 이는 장애를 "개인이 특정 차이와 특징으로 인해 타인과의 관계에서 경험하는 차별과 불이익"에서 비롯된 것이라고 본다(Bach, 2017, p. 40). 사회적 모델 내에서는,

> 분석의 단위가 개인에서 차이를 기반으로 하여 가치와 지위를 파악하는 법적, 사회적, 경제적, 정치적 구조로 이동한다. 인권의 원칙과 차이를 고려한 결과의 평등에 기반하여, 사회적 모델은 손상의 생의학적 지식과 개인 재활에 대한 연구를 거부하지 않는다. 오히려, 사회적 모델은 장애를 인간 조건의 일부로 인정하고 사회적, 문화적, 정치적 맥락에서 장애인의 공정함(equity) 달성을 모색한다.(Bach, 2017, p. 40)

사회–생태학적 또는 개인–환경 적합 장애 모델은 사회적 모델의 더 넓은 맥락 내에 위치한다. 장애의 정체성 측면을 강조하는 순수 사회적 모델을 주장하는 옹호자들과 의료 시스템에서부터 진화한 사회–생태학적 모델을 주장하는 옹호자들 사이에는 약간의 긴장이 있다. 우선, 후자는 장애를 이해함에 있어 여전히 의료 및 건강상의 관점을 포함하고 있다. 그러나 이러한 차이는 중요하며, 우리는 장애를 정체성으로 포용하는 운동을 지지하지만, 사회–생태학적 모델은 중재와 지원을 개발하는 데 더욱 적합하다. 그리고 사회적 모델과 사회–생태학적 모델 간의 많은 공통점 중에서도 정말 중요한 것은 사람들의 강점과 능력, 그리고 사람이 살고, 배우고, 일하고, 여가를 즐기는 맥락을 고려하지 않고서는 장애를 이해할 수 없다는 점이다.

사람들의 강점과 능력, 그리고 사람이 살고, 배우고, 일하고, 여가를 즐기는 맥락을 고려하지 않고서는 장애를 이해할 수 없다.

“장애를 가지고 있다”는 구절: 낡은 표현

1장에서는 IDEA가 특수교육 서비스를 받을 자격이 있는 학생을 판별하는 방법에 대해서 간단히 논의했다. 기본적으로 자격 요건은 학생이 장애 범주 영역 중 하나의 정의를 충족해야 하고, 성공적으로 학습하기 위해 특별히 설계된 교육이 필요하다는 것이다. 이 요건을 바탕으로 장애를 ‘가진’ 사람의 개념을 간략히 살펴보고자 한다. 장애를 생의학적 모델 내에서 이해했을 때, 장애의 원인은 개인 내에 있다고 이해하기 때문에 어떤 사람이 장애를 가지고 있다고 표현하는 것이 논리적이다. 그러나 사회적 모델처럼 장애를 환경과 맥락의 기능으로 이해한다면, 혹은 개인-환경 적합 모델처럼 개인의 능력과 환경에서 요구되는 사항들 간의 상호작용으로 장애를 이해한다면, 장애는 개인의 외부에 있으며 이 경우 그 사람은 장애를 가지고 있지 않다. 사회적 모델에서, 장애는 환경, 맥락, 시스템에 의해서 사람에게 부과된 것이다. 사회-생태학적 혹은 개인-환경 적합 모델에서 장애는 사람이 할 수 있는 것과 하고 싶은 것 사이의 격차에 존재한다.

다음 섹션에서는 이러한 장애에 대한 변화가 통합교육에 주는 시사점에 대해 논의한다. 그러나 이러한 시사점 중의 일부를 이야기하기 앞서, 우리의 사회가 계속해서 사람들이 장애를 “가진” 것으로 이해하는 한, 본질적으로 질병, 병리, 결함에 대한 생의학적 개념을 영속화한다는 점에 주목하고 싶다. 마찬가지로, 장애 “진단”을 이유로 특수교육을 받을 IDEA 자격 절차를 고수한다면, 결국 분리와 차별의 시스템을 영속화하는 것이 된다. 해결 방안은 모든 아동에 초점을 맞추어 교육 실제를 실행하고, 강점을 기반으로 하며, 보편적 설계를 강조하여, 모든 학습자를 고려한 양질의 교육을 제공하는 학교 차원의 접근에 집중하는 것이다. 또한 학생의 주체성과 자기결정 학습을 강조하고, 평균이 유용하다는 개념을 버리며, 모든 아동들에게 맞춤형 교육을 보장하는 학교 차원의 접근을 강조하는 것이다. 이러한 점들이 다음 섹션에서 강조하는 주요 사항이다.

통합교육에 대한 시사점

장애에 대한 이해의 변화가 통합교육에 미치는 영향을 고려하기 위해 우리는 사회-생태학적 또는 개인-환경 적합 장애 모델에 초점을 맞춘다. 이러한 모델은 개인의 강점과 역량에서 시작하여, 그 사람이 원하는 환경과 맥락에서 성공적으로 기능하는 데 필요한 것이 무엇인지를 고려한다. 앞서 언급하였듯이, 우리는 장애를 정체성으로 이해하고 장애를 순수한 사회적 모델로 이해하는 데 전적으로 지지하지만, 교육이 중재 지향적이라는 점은 사실이다. 교육자로서 우리의 역할은 학생이 성공할 수 있도록 지식과 기술을 향상시키는 것이다. 개인-환경 적합 모델은 이러한 중재를 설계할 수 있는 다양한 방법을 제공한다. 학생이 선호하는 맥락에서 성공적으로 기능하는 데 필요한 기술과 지식을 향상시킬 수 있는 학습 기회를 제공하고, 학생이 성공적으로 수행할 수 있도록 맥락을 수정하며, 학생이 성공할 수 있도록 지원을 제공할 수 있다. 좋은 소식은 특수교육과 통합교육의 여러 접근 방식, 교육 실제, 사고방식은 이미 강점 기반 접근 방식으로 시작하여 개인-환경 적합 모델을 따르거나 이에 의해 주도되고 있다는 점이다.

강점 기반 접근법

개인-환경 적합 모델은 학생의 강점, 능력, 수행 능력을 고려하는 것에서부터 시작해야 한다. 역사적으로 결손 및 교정 접근 방식은 이와는 정반대로 학생의 결핍을 파악하는 것에서부터 시작되었다. 강점 기반의 접근법은 장애의 사회적 모델의 가정을 출발점으로 삼아 장애학생이 전형적인 맥락에서 성공적으로 기능할 수 있도록 장애학생을 지원하고, 교육하고, 가능하게 할 수 있는 접근법으로 전환한다. 학생의 강점에서 시작하는 것은 학생과 교사 간의 긍정적인 관계를 향상시킬 수 있다는 점에서 상당한 힘이 있다.

사회적 모델과 강점 기반의 접근법은 통합교육에서 지원에 초점을 맞추게 한다. 결함에 기반한 모델은 장애인의 장애 유형이나 정도를 따라 예측할 수 있는 "프로그램"을 개발하는 것으로 이어졌다. 개인-환경 적합 모델과 강점 기반 접근법은 학생에게 필요한 지원이 무엇인지를 파악하는 것에 관심이 있으며, 여기서 지원이란 학생이 성공할 수 있도록 기능성과 자기결정을 향상시킬 수 있는 모든 것으로 정의된다. 이 책의 뒷부분에서 우리는 맞춤형 교육과 학생 주체성에 대해 논의할 때 다시 이 주제를 다루도록 하겠다.

학교 차원의 접근

통합교육의 초점은 단순히 학급의 수준이 아니라 학교의 수준에서 이루어져야 한다는 인식이 점점 더 확산되고 있다. 학교는 다양한 경험, 능력, 흥미를 가진 다양한 학생들이 참여하는 사회이다. 현재 학교 전체에 널리 퍼져 있는 학교 차원의 접근은 이제 다층지원체계(multitiered systems of support: MTSS)를 포함한다. MTSS의 기본적인 뼈대는 학업적으로 어려움을 겪고 있는 학생의 요구를 지원하기 위한 중재 반응(Fuchs et al., 2010)과 학교 차원의 긍정적 행동지원을 통해 행동의 어려움을 겪고 있는 학생의 요구를 다루기 위한 "층으로 된(tiered)" 중재의 조합에서 등장하였다(Horner & Sugai, 2015).

MTSS 모델에서는 모든 학생이 그들의 언어적 · 문화적 배경, 능력, 기타 학습 지원이 필요한 영역을 고려하여 1단계 교수라 불리는 수준 높은 증거 기반의 보편적으로 설계된 교육을 받는다. 과거에는 만약 학생이 학습에 어려움을 겪는 경우 특수교육에 "의뢰"되었는데, 이는 하루의 일부 혹은 전부를 일반교육 환경이 아닌 다른 곳에 보내는 것을 의미하는 경우가 많았다. 개인-적합 모델과 같은 맥락에서 MTSS 모델에서는 학생이 어려움을 보일 때 변화하는 것은 수업의 유형, 강도 또는 기간이다. 따라서 일부의 학생들은 2단계의 교수라고 불리는 교육을 받을 수 있는데, 이때 교육은 어떤 방식으로든 변경되지만 학생이 교육을 받는 장소는 바뀌지 않는다. 마지막으로, 소수의 학생은 성공하기 위해서 보다 개별화되고 집중적인 지원이 필요할 수도 있는데, 이를 3단계의 지원이라고 한다. 그러나 이 과정에서 학생들이 보다 집중적인 지원의 수준(단계)으로 이동하더라도 일반교육 환경에서 이동할 필요는 없으며, 반복적으로 이때 변화하는 것은 수업의 유형, 강도 또는 기간뿐임을 이해하는 것이 중요하다.

MTSS 모델에서는 학생이 어려움을 보일 때 변화하는 것은 수업의 유형, 강도 또는 기간이다.

미국 교육부 특수교육 프로그램 사무국(The U.S. Department of Education's Office of Special Education Programs)은 다층의 접근

방식 내에서 모든 학습자를 교육하기 위한 주와 학군 차원의 노력을 강조하는 캔자스 대학교 Schoolwide Integrated Framework for Transformation(SWIFT) Center의 전국 기술 지원 센터에 연구비를 지원했다. 다층지원체계의 SWIFT 모델은 장애학생에게 필요한 교육 지원의 유형과 강도를 결정하기 위해 연구에 기반을 둔 데이터 중심의 판단을 강조한다. 이 모델은 모든 학생이 양질의 교육에 참여하고, 교육에 대한 결정을 내리기 위해 학생으로부터 필요한 데이터를 사용할 수 있다고 가정한다(McCart et al., 2014). 향후 Norton Inclusive Education for Students With Disabilities 책 시리즈에서 SWIFT 모델에 초점을 맞추고 통합교육을 증진하기 위한 학교 차원의 접근 방식에 대해 자세하게 설명할 예정이다.

보편적 학습설계

장애의 개인-환경 적합 모델이 교육 현장에서 어떻게 영향을 미칠 수 있는지에 대한 두 번째 예는 보편적 학습설계(UDL)의 적용을 들 수 있다. Orkwis와 McLane(1998, p. 9)은 보편적 학습설계를 "보고, 듣고, 말하고, 움직이고, 읽고, 쓰고, 영어를 이해하고, 참석하고, 조직하고, 참여하고, 기억하는 능력에 큰 차이가 있는 개인이 학습 목표를 성취할 수 있도록 하는 교수 자료와 활동의 설계"라고 정의하였다. 그러하다면 우선 보편적 학습설계는 교수 자료를 설계하는 것이며, 일종의 보조 도구와 서비스의 형태와 관련이 있다. 이러한 자료는 모든 학생들이 자료로부터 혜택을 받을 수 있도록 설계되었다. 이렇게 생각해 보자. 만약 읽기에 어려움이 있는 한 학생이 6학년 국어 수업에서 나머지 학생들이 그 학년에서 배우는 수많은 청소년 소설 중 하나를 읽고 있다면, 단순하게 책의 인쇄본을 그 학생에게 제공하는 것은 큰 도움이 되지 않을 것이다. 그러나 그 학생이 책을 읽을 수 있도록 디지털 토킹북을 사용하여 디지털 형식으로 제공하는 등 책의 내용을 표현하는 방식을 조정한다면, 그 학생과 다른 학생들이 함께 수업에 참여할 수 있다. 또한 보편적으로 설계된 자료는 장애학생뿐만 아니라 많은 학생들에게 도움이 된다.

자기결정

특수교육 서비스를 받는 학습자의 교육에서 전환에 대한 관심은 1980년대에 EHA에 따라 서비스를 받기 시작했던 1세대의 학생들이 학교를 졸업하기 시작하면서 나타났다. EHA가 제공한 교육으로 고용과 지역사회 통합과 같은 성과가 더욱 향상되었다. 하지만 이러한 성과는 서서히 증가하기는 하였으나 기대에는 미치지 못하였음을 알 수 있었다(Wehmeyer & Webb, 2012). 이렇게 기대한 것보다 긍정적이지 않은 전환 성과에 잠재적으로 기여한 것으로 확인된 한 가지 문제는 학생들이 전환 과정에 적극적으로 참여하지 않았다는 점이다. 그 결과, 미국 교육부의 특수교육 프로그램 사무국은 이를 개선하기 위해 여러 가지 방안을 계획하였으며, 그중에는 IDEA로 명칭이 변경된 EHA의 재승인에서 전환 및 전환 계획에서의 학생 참여를 강조한 것도 포함이 된다(Wehmeyer & Ward, 1995).

이러한 과정에서 특수교육 서비스를 받는 청소년의 자기결정을 증진하는 데 초점이 맞추어지게 되었다. 지난 30년 동안, 자기결정 향상이 학교에서의 수행력과 성인기 전환 성과에 긍정적인 영향을 미친다는 증거가 축적되어 왔다(Shogren & Wehmeyer, 2020). 자기결정에 초점을 맞추는 것은 1장에서 논의한 바와 같이, 개인 맞춤형 교육과 개인-환경 적합 모델 및 강점 기반 접근법의 맥락에서 모두 중요하다. 개인 맞춤형 교육에서 학생들은 스스로 학습의 주인이 되어야만 하며, 자신이 잘하는 것과 관심 있는 것을 파악하고 이러한 지식과 함께 문제 해결 및 목표 수립 기술을 사용하여 미래를 향한 자신의 길을 설계할 수 있어야 한다. 직업 및 진로 지도와 상담 분야, 그리고 최근에는 특수교육 내 전환 서비스 분야에서 전문가들은 학생이 자신의 진로와 삶을 설계하고 구성하는 것을 강조하는 생애 설계 접근법(5장에서 설명함)을 점점 더 많이 채택하고 있다(Wehmeyer et al., 2019). 자기결정적인 방식으로 행동하는 것이 이러한 과정에서의 핵심이다.

강점 기반 접근법은 학생을 모든 학습의 중심에 둔다.

또한 강점 기반 접근법은 학생을 모든 학습의 중심에 둔다. 개인 맞춤형 학습의 시대로 접어들면서, 학생의 자기결정적 학습은 긍정적인 성과를 위해 매우 중요하다. 이에 대해서는 5장에서 더욱 자세하게 다루도록 한다.

강점 기반 접근법과 통합교육

이 시리즈의 책 전체에서 우리는 통합교육과 관련된 '우리의 영향력을 확대하고자' 학교 차원의 접근법, 보편적 설계, 지원, 자기결정 등을 이해하기 위한 아이디어를 탐구하고 확장할 것이다. 3장과 4장에서 우리는 통합교육의 효과적인 실제와 통합교육을 뒷받침하는 증거를 보다 자세하게 살펴본다. 마지막 장에서는 지금부터 다루는 내용을 살펴보면서 몇 가지 쟁점으로 돌아가 통합교육을 위해 우리가 앞으로 나아가야 할 방향을 살펴본다. 현재로서는 장애의 사회적 모델에 입각한 강점 기반 접근법이 통합교육에 관심이 있는 교육자에게 무엇을 가져다주는지 생각해 볼 필요가 있다.

먼저 1장에서는 Endrew F. 연방 대법원 판결이 특수교육에 주는 시사점에 대해 논의했다. 우리가 결합에 중점을 둔 교육 실제를 버리고 강점 중심의 접근법을 받아들이지 않는 한 특수교육 분야는 학생의 성장 가능성에 기반한 적절하고 야심 찬 교육 기준을 달성할 수 없다. 장애를 어떻게 이해하느냐는 우리가 장애에 대해 무엇을 하는지와 관련하여 중요한 사안이 된다. 이 장의 서두에서도 질문을 했듯이, EHA와 IDEA에서 장애학생을 그들의 비장애 또래와 교육하는 것을 강조하였음에도 불구하고, 거의 50년이 지난 지금까지도 이 비전을 달성하는 데 어려움을 겪고 있는 이유는 무엇일까? 이에 대한 부분적인 이유는 우리가 지난 50년간 장애를 개념화한 방식이 장애학생을 무능력하고 무능한 존재로 보았기 때문이다.

1997년 IDEA 재승인에서, 학교는 특수교육 서비스를 받는 모든 학생들이 일반교육 교육과정에 참여하고 발전할 수 있도록 보장해야 한다는 조항이 도입되었다. 소위 "일반 교육과정에 대한 접근"이라고도 불리는 이 의무사항은 특수교육 서비스를 받는 학습자의 교육을 (당시의) 표준 기반 개혁의 노력에 맞추기 위해서 도입되었다. 그 당시에 사람들이 느꼈던 감정과, 그 시대에서 강조하였던 표준, 책무성, 시험에 대한 강조와는 무관하게, 한 가지 유용한 점은 특수교육 서비스를 받는 학생에 대한 기대치가 역사적으로 낮았었지만 이러한 조치가 특수교육 서비스를 받는 학생들에 대한 기대치를 높이기 위해 취해졌다는 점이다(Lee et al., 2008; Wehmeyer, 2006). 강점 기반 접근법을 통해 우리는 앞으로 나아갈 수 있고, 장애학생도 성공할 수 있으며 그들에게 높은 기대치를 가질 수 있도록 가정할 수 있게 해준다.

이러한 사회-생태학적 혹은 개인-환경 적합 모델은 장애가 전형적인 인간 기능성의 일부이지 분리된 것이 아니라는 점을 강조한다. WHO ICF와 사회적/정체성 모델은 장애를 이해하는 데 있어 중요한 요소로 참여를 강조한다. 즉, 장애는 삶의 모든 측면에서 장애인의 참여를 살펴보는 모델에서 가장 잘 이해된다. 실제로 장애를 정의하는 것은 건강, 환경, 개인적 요인이 개인의 활동 및 완전한 참여에 미치는 영향이다. 편의시설과 지원을 받아 완전하게 참여를 할 수 있는 경우, ICF 모델에 따르면 손상은 여전히 존재할 수 있으나, 장애는 본질적으로 관련이 없게 된다.

따라서, 개인 맞춤형 교육의 추세와 장애에 대한 이해의 변화는 통합교육을 더욱 중요하게 만들고 있다. 강점 기반 접근법과 강점 기반 접근법과 관련된 교수 모델과 전략을 선택함으로써, 장애학생의 교육에 대한 IDEA의 기대를 충족하면서 어려운 점을 해결할 수 있다.

학습 성찰 질문

1. 장애의 사회적 모델과 사회-생태학적 모델을 비교 · 대조하고, 각각의 상대적 이점에 대해 토론하라.

2. 장애학생 교육에 있어서 강점 기반 접근법은 교육이 구성되는 방법을 어떻게 변화시켰는가?
3. 최근의 특수교육 실제를 생각해 보고, 어떤 교육 실제가 장애의 사회–생태학적 모델에 적합한지 토론해보자.

3

어떻게 하면 더 잘 가르칠 수 있을까?

통합 학교와 학급에서의 효과적인 실제

이 장에서 우리는 효과적인 통합 수업의 실제에 주의를 기울인다. 앞 장에서 설명한 것처럼 일반교육 환경에서의 수업(제1장)과 강점 기반 접근(제2장) 둘 다 긍정적인 학생 성과를 증진하기 위해 필수적이다. '어떻게 하면 더 잘 가르칠 수 있을까?'라는 질문에 답하기 위해, 먼저 장애학생들이 효과적인 수업을 받을 자격이 있고 필요로 한다는 것을 확고히 하는 것이 중요하다. 너무나 자주 장애학생과 그들의 선생님 모두에 대한 기대는 비참할 정도로 낮았다. 희석되고 단절된 형태의 교육과정, 야심 없는 학습 목표와 학습할 기회조차 거의 없는 낮은 기대는 수백만 명의 학생들이 성인 생활에서 성공할 수 있는 기술 없이 학교를 떠나게 하는 결과를 초래했다. 사실 장애학생들은 중등 이후의 교육 및 정규직 고용 비율이 가장 낮은데(Smith et al., 2017), 고등학교 이후의 삶을 보다 잘 준비하기 위해 개선된 교육 서비스를 제공할 필요가 있음을 시사한다. 이러한 낮은 기대에 반하고 통합 환경에서 장애학생을 위한 수업을 개선하기 위해 교육자들은 기대를 높이고 긍정적인 성과를 증진하는 효과적인 교육 방법을 확인하고 사용해야 한다. 이 장에서 우리는 통합 교실에서의 가족-학교 파트너십, 수업 전략, 교육 방식, 교수 전략, 공학의 다섯 가지 효과적인 실제에 대해 설명한다.

가족-학교 파트너십

가족-학교 파트너십은 부모와 전문가가 함께 교육 프로그램을 설계하고 실행하는 것으로 정의된다(Blue-Banning et al., 2004). 이것은 종종 개별화교육프로그램(IEP)을 설계하고 실행하기 위해 협력하는 것과 학생을 위한 공유된 목표를 향해 학생의 진보를 점검하는 것을 포함한다. 이러한 과정에서 가족은 필수적인 팀 구성원이다.

파트너십과 그것이 중요한 이유

신뢰 및 상호 간의 파트너십을 형성하는 것은 학생 성공에 있어 중요한 요소이다; 이러한 관계는 공동의 문제 해결, 의사소통, 지원과 서비스의 계획 및 실행을 증진하며, 이 모든 것은 학생들에게 득이 되기 위한 공유된 목적과 노력에 기여한다(Hoy, 2012; Newman, 2005). 또한 평생의 동맹으로 가족 구성원들은 교육자들이 학생들에게 야심찬 기대를 갖도록 도울 수 있다. 그러나 학부모들은 학교 전문가들만큼 특수교육 절차와 전문용어에 익숙하지 않은 경우가 많기 때문에, 평등한 파트너십을 구축하기 어려울 수 있다(Hess et al., 2006). 실제 많은 부모들은 효과적인 파트너가 되는 것에 대해 듣지 못했고, 힘이 거의 없고, 정보가 부족함을 느끼고 있다고 보고한다(Love et al., 2017). 그러므로 가족 구성원과 교육자를 포함한 팀이 기대를 높이고 학생들의 긍정적인 성과를 증진할 수 있도록 가족-학교 파트너십에 대한 투자가 필요하다. 표 3.1은 효과적인 가족-학교 파트너십의 필수적인 특징에 대한 개요를 각 영역별로 제안하는 활동과 함께 제시한다(Blue-Banning et al., 2004; Haines et al., 2015).

표 3.1 효과적인 가족-학교 파트너십의 주요 특징

영역	지표	예시 활동
의사소통	• 가정에서 교육과정 자료와 학생에 대한 정보와 같은 자원 공유하기 • 명확하고 진솔한 의사소통; 전문용어 피하기 • 주의 깊게 듣기 • 가족에게 정보 청하기 • 진솔하며 재치 있게 행동하기 • 비언어적 의사소통에 주의하기	가족에게 선호하는 의사소통 방식과 빈도를 묻는 것으로 학년을 시작하라. 전화, 서면 메모, 이메일, 동영상 녹화, 화상 회의 등 다양한 옵션을 제공하라.
책임	• 학생과 가족 격려하기 • 접근성 고려하기 • 일관성 유지하기 • 민감하게 반응하기	학생에 대한 희망과 기대를 공유하라. 구체적이고 낙관적이어야 한다. 그러한 목표를 달성하기 위한 계획과 교육자로서 설정한 목표를 달성하기 위해 필요에 따라 전략을 어떻게 조정할 것인지 공유하라.
평등	• 정보와 상태에 대해 파트너 격려하기 • 다른 사람 승인하기 • 학생이나 가족 옹호하기 • 모든 가능한 옵션 탐색하기	가정에 IEP 초안을 보내는 대신 학생의 진보에 대한 자료를 가족에게 제공하라. 이를 통해 모든 이해 관계자들이 IEP 개발에 있어 정보와 상태 측면에서 평등할 수 있다.
기술	• 배우고 노력하려는 자세 지니기 • 학생에 대한 기대 높이기 • 필요할 때 행동 취하기	지원과 서비스를 학생에게 개별화하기; 시간이 지남에 따라 필요에 의해 지원과 서비스를 조정하기 위한 계획을 세우라. 학생의 요구를 충족하고 불가피하게 발생하는 문제를 해결하기 위해 지속적으로 노력하는 전문성 개발뿐만 아니라 가족 및 다른 전문가로부터 의견과 피드백을 요청하라.

신뢰	• 신뢰하기 • 학생의 안전 지키기 • 분별하기	가족들에게 주기적으로 전화하여 학생에 대한 좋은 소식을 전하라.—가족들은 너무 자주 문제에 대해서만 듣는다. 학생과 가족을 위한 신뢰할 수 있는 치어리더의 한 사람으로서 자기 자신을 확고히 하라.
존중	• 학생을 소중히 여기기 • 강점 기반 사고방식 사용하기 • 예의 갖추기 • 학생과 가족에게 높은 기대 가지기 • 차별 피하기	학생과 가족의 존엄성, 가치와 소중함을 증진하는 언어와 행동으로 시범을 보여라.

파트너십 형성하기

신뢰하는 가족–학교 파트너십의 보상을 얻기 위해서는 이러한 관계가 먼저 형성되어야만 한다. 그렇게 하는 데 시간과 노력이 모두 필요하지만, 앞서 언급하였듯이 긍정적인 학생 성과가 그 노력을 가치 있게 만든다. Burke와 동료들(2016)은 가족과 효과적인 파트너십을 형성하기 위한 세 가지 주요 단계를 확인하였다.

첫째, 가족에게 귀를 기울이라. 모든 가족은 당신과 함께 그들의 관계에 영향을 미칠 전문가(예: 의료진, 과거의 교사, 관리자)와 이미 상호작용을 해본 경험이 있을 것이다. 그들의 이야기에 귀를 기울이고, 가족이 당신과의 새로운 파트너 관계를 위해 필요로 하는 것과 희망이 무엇인지 경청하라; 이전의 관계에 있어 효과적이었거나 그렇지 않았던 이야기에 귀를 기울이라. 여러분의 경청하기는 가족과 학생에 대한 당신의 관심뿐만 아니라 학생과 이 관계에 대한 여러분의 헌신을 보여준다.

의미 있는 학생의 참여와 교육 계획과 결정에 대한 주인의식을 증진하기 위해 가족들과 협력하는 것은 개인 맞춤형 교육과 통합에 매우 중요하다.

둘째, 파트너십에 대한 명확한 기대를 설정하라. 학생에 대한 그리고 가족과의 파트너십에 대한 당신의 희망과 기대를 분명히 하라. 이러한 기대를 충족시키기 위해 필요에 따라 다른 사람으로부터 정보와 지원을 찾게 될 것임을 분명히 하라. 그리고 당신이 언제, 어떻게 의사소통할 것인지도 명확히 하라.

셋째, 가족을 격려하고 평등한 파트너십을 유지하는 데 집중하라. 이것은 정보와 아이디어를 공유하고 가족들에게 질문을 하는 것을 의미한다. 또한 가족으로부터 정보, 아이디어, 통찰력을 찾고 행동하는 것을 의미한다. 자주, 신뢰하며, 상호 존중하는 의사소통을 유지하는 것은 지속 가능한 가족-학교 파트너십을 위하여 중요한 기반을 마련할 것이다. 그리고 물론 학생은 가족의 일부이며, 의미 있는 학생의 참여와 교육 계획과 결정에 대한 주인의식을 증진하기 위해 가족들과 협력하는 것은 개인 맞춤형 교육과 통합에 매우 중요하다.

수업 전략

제1장에서 설명한 것처럼, 특수교육은 특별하게 설계된 수업을 제공하는 것이다. 이 수업은 효과적이고, 야심 차며, 강점을 바탕으로, 학생의 학습 성과를 극대화하도록 설계되어야 한다. 어떤 수업이 이러한 기준에 부합하는지 어떻게 알 수 있을까? 가장 명확한 지표들 중 한 가지는 연구가 뒷받침하는 수업 전략이다. 사실, 장애인교육법(IDEA, 2004)은 IEP 팀이 연구를 기반으로 교수적 결정을 하도록 의무화하였다. IDEA에서는 연구가 특수교육 서비스를 받는 아이들의 일반교육 환경을 반영하고 장애학생에게 향상된 결과로 효과성을 보여줄 필요가 있음을 명시하고 있다. 하지만 교육자들은 또한 교수 전략이 특정 학생의 독특한 학습 요구를 충족시킬 수 있도록 개인화되었는지를 명확히 해야 한다. 따라서 일률적인 접근 방식은 매우 부적절하다. 교육자가 사용해야 하는 가장 완전한 교육의 실제 목록을 일컬어 HLP(high-leverage practices)라고 한다. 그것들은 다양한 내용 영역과 학년 수준에 걸쳐 사용할 수 있으며, 효과적인 교수와 향상된 학생 결과를 지원하기 위한 "전문적인 지식과 기술의 공통된 핵심"으로 구성되기 때문에 하이 레버리지(high leverage)로 간주된다(Ball & Forzani, 2011, p. 19).

HLP는 특수교육 전문가들의 광범위한 연구 고찰 결과를 바탕으로 개발되었으며(McLeskey et al., 2017), 내용 영역과 학년 수준에서 학생의 긍정적인 성과를 촉진하는 데 효과적일 것으로 예상된다. HLP는 협력, 진단평가(assessment), 사회적/정서적/행동적 실제, 수업(instruction)의 네 가지 실제 측면으로 구성된다. 이러한 네 가지 실제 측면에서 HLP는 통합적이고 상호적이며, 교수와 학습을 지원하는 데 모든 측면에 함께 작용한다. 예를 들어, 교사들은 모든 측면(예를 들어, 학업적 내용, 행동, 사회적 기술)에서 수업을 설계하고 평가하는 데 진단평가를 활용하며, 교사들은 다른 사람들과 협력할 때 HLP에 관한 지식을 사용한다. 네 가지 실제 측면에서 총 22개의 HLP가 확인되었으며, 이는 https://highleveragepractices.org/about-hlps/에서 온라인 접근이 가능하다.

표 3.2 총 22가지 HLP(High Leverage Practices)

HLP #	HLP 제목
협력 측면	
1	학생의 성공을 높이기 위해 전문가와 협력하라.
2	전문가 및 가족과 효과적인 회의를 구성하고 촉진하라.
3	학생의 학습을 지원하고 필요한 서비스를 확보하기 위해 가족과 협력하라.
진단평가 측면	
4	학생의 강점과 요구를 종합적으로 이해하기 위해 다양한 정보원을 활용하라.
5	교육 프로그램을 협력적으로 설계하고 실행하기 위해 이해관계자들과 함께 진단평가 정보를 해석하고 소통하라.

6	학생의 진단평가 자료를 사용하고, 수업의 실제를 분석하며, 학생 성과를 향상시키는 데 필요한 조정을 하라.
사회적/정서적/행동적 실제 측면	
7	일관성이 있으며, 구조화되고, 존중하는 학습 환경을 구축하라.
8	학생들의 학습과 행동을 안내하기 위한 긍정적이고 건설적인 피드백을 제공하라.
9	사회적 행동을 가르치라.
10	개별 학생 행동 지원 계획을 개발하기 위해 기능적 행동 평가를 실시하라.
수업 측면	
11	장 · 단기 학습 목표를 확인하고 우선순위를 정하라.
12	특정 학습 목표를 향해 체계적으로 수업을 설계하라.
13	특정 학습 목표에 맞게 교육과정 과제와 자료를 수정하라.
14	학습과 독립성을 지원하기 위한 인지 및 메타인지 전략을 가르치라.
15	비계 지원을 제공하라.
16	명시적 교수를 사용하라.
17	유연한 집단화를 사용하라.
18	적극적인 학생 참여를 증진하는 전략을 사용하라.
19	보조적인 수업 공학을 사용하라.
20	강도 높은 수업을 제공하라.
21	시간과 상황에 걸쳐 새로운 학습을 유지하고 일반화하도록 지도하라.
22	학생들의 학습과 행동을 안내하기 위한 긍정적이고 건설적인 피드백을 제공하라.

통합교육에서 교육 방식

효과적인 연구 기반 수업 전략을 선택하고 개인화한 후 교육자들은 통합 환경에서 그것을 실행하는 작업을 해야 한다. 이는 반드시 일반교육 교육과정에 대한 지식과 일반교육 교실의 일과와 활동에 의존하게 될 것이다. 이처럼 협력은 효과적인 통합교육에 필수적이다. 이 장의 앞쪽에서는 가족-전문가 파트너십의 중요성에 대해 논의하였다. 여기에서는 장애학생 지도의 필수 요소로서 전문가 간 협력에 관심을 기울이고자 한다. 그런 다음 통합 교실에서의 다양한 전문가들의 역할과 책임에 대해 논의한다.

전문가 간 협력

전문가 간 협력은 두 명 또는 그 이상의 전문가들이 공동의 목표를 향해 함께 노력하는 것을 말한다. 특수교육 서비스를 받는 학생들과 상호작용하는 다양한 팀 구성원을 고려하면, 전문가 간 협력은 서로 다른 배경지식 및 경험과 때로는 서로 다른 가치관을 가진 사람들 사이에서 발생한다. 예를 들어, 언어병리학자와 특수교사는 학생을 지원한다는 동일한 목표를 공유함에도 불구하고 두 가지 매우 다른 관점에서 문제에 접근할 수 있다. 종종 전문가들은 시간과 자원이 부족하여 효과적인 협력을 하는 데 또 다른 잠재적인 장애물이 될 수 있다. 하지만, 전문가 간의 협력은 학생들에게 굉장히 유익할 수 있다. 우선, 전문가들의 다양한 관점은 한 학생과 함께 일하는 한 사람이 고려하지 못했을 새로운 해결책을 제시할 수 있다. 전문가 간의 협력은 또한 학생들에게 배울 수 있는 전문가 팀을 통해 서로를 지원하는 여러 전문가들의 강점과 전문성을 통합하여 수업을 제공함으로써 학생 성과를 향상시킬 수 있다. 끝으로, 전문가 간 협력은 오늘날의 학교에서 보다 광범위한 책임을 맡고 있는 교사들로 하여금 그들의 책임을 완수하기 위해 다른 사람들로부터의 지원에 의존할 수 있게 한다.

전문가 간 협력은 공유된 관점과 목표에 의존한다. 교육자들은 공동의 목표를 향해 공유된 의사결정에 참여하기 위해 그들의 자원과 지식을 동원한다. 그것은 혼자서는 달성할 수 없는 목표를 성취하기 위한 방법이다(Bauer et al., 2010). 언급하였듯이, 이 과정은 학생의 성과 향상과 관련이 있지만 전문가들에게 항상 쉽지만은 않다. 일례로, 어떤 교육자들은 혼자 일하는 것을 선호하며, 다른 교육자들이 필요한 기술이 부족하거나 혼자 일하는 것이 더 쉽고 더 빠르다고 느낄 수 있다.

전문가 간 협력의 이로운 점들이 명확하고 교육자들이 협력을 하고자 할 때, 또 다른 장애물이 발생할 수 있다: 협력하기 위한 시간과 자원의 부족. 교사들과 관련 서비스 제공자들은 많은 학생에 대한 사례 부담이 있어서 한 학생에게만 집중할 시간을 찾는 데 어려움이 있다. 웹 콘퍼런스, 클라우드 기반 문서 관리 서비스 등과 같은 온라인 협업 전략은 전문가들이 직접 또는 동시에 다 같이 만날 수 있는 시간이 없을 때에도 협력하는 방식으로 활용될 수 있다(Charles & Dickens, 2012).

전문가 간 협력은 오늘날의 학교에서 보다 광범위한 책임을 맡고 있는 교사들로 하여금 그들의 책임을 완수하기 위해 다른 사람들로부터의 지원에 의존할 수 있게 한다.

통합 교실에서 역할과 책임

전문가 간 협력을 통한 수업의 실제를 확인하면, 효과적인 통합교육을 위한 다음 단계는 수업을 제공하는 사람들의 역할과 책임을 명확히 정의하는 것이다. 이는 교육자들이 일반교육 환경에서 학생의 학습을 지원하기 위해서는 특수학급, 치료실 또는 기타 분리된 공간의 전통적인 사일로[3]를 떠나야 하기 때문이다. 이를 위해서는 가르치는 것 자체가 달라 보일 것이다. 교육자들은 모든 학습자의 요구를 충족시키기 위해 새로운 수업 전략과 집단화를 사용하는 것을 포함하여, 모든 학생에게 수업

---

3 회사 안에 성이나 담을 쌓고 외부와 소통하지 않는 부서를 가리키는 말로, 기업 등에서 침체의 늪에 빠져 좀처럼 재기하지 못하는 이유 가운데 하나로 사일로 문화를 지적하기도 함

을 제공하기 위한 새로운 방식으로 협력해야 한다. 예를 들어, 고등학교 특수교사와 일반교사는 내용과 효과적인 수업의 실제를 결합한 지식을 토대로 하여 오디오 북, 비디오 및 음성-텍스트 소프트웨어 사용을 포함해 모든 학생이 보편적으로 접근할 수 있는 수업을 설계할 수 있다. 교육자들은 또한 코칭, 컨설팅, 협업 등의 새로운 활동에도 참여할 것으로 보인다. 협력교사들은 서로 다른 기술과 배경(예를 들어, 한 명은 특수교육 서비스를 제공하도록 훈련을 받고, 다른 한 명은 생물학을 가르치도록 훈련을 받았다)을 가지고 있기 때문에, 어느 정도의 코칭은 협력교사들이 새로운 수업 기술과 학급 경영 기술 및 기타 기술을 개발하도록 지원하기 위해 필요할 것이다. 코치는 교실에서 사용할 수 있는 자원과 전략을 제공하기 위해 다른 전문가(예: 교사, 관련 서비스 제공자, 지원인력)와 협력한다. 코치는 다른 전문가와 직접 협력하며, 종종 관찰을 하고 이어 토론과 문제해결을 통해 기술 개발과 궁극적으로는 효과적인 실제를 실행할 수 있는 역량을 함양하도록 지원한다(Wlodarczyk et al., 2015). 마찬가지로, 컨설팅은 전문가들이 학생에 대해 논의하고 조언을 제공하기 위해 함께 모였을 때 이루어진다. 이러한 전략을 사용하여 교육자들은 효과적인 통합 수업이 제공되도록 계획하고 문제해결을 위해 협력한다.

또한 통합교육은 장애학생을 지원하기 위해 지원인력을 고용하는 방법에 대해 다시 생각해볼 필요가 있다. 전통적으로 지원인력은 주로 교수학습을 지원하는 역할을 맡으며 학생과 1:1로 일한다. 이러한 지원인력 활용의 결과는 교사의 수업 참여 부족, 성인 지원에 따른 학생의 의존성, 동료 및 기타 자연적인 지원에 대한 장벽을 포함한다(예: Giangreco & Broer, 2005). 통합 교실에서 1:1 지원인력 의존에 대한 대안은 학급 차원의 지원인력의 활용이다. 이 경우 지원인력은 학생보다 교실 단위로 배정된다. 예를 들어, 지원인력은 특수교육 서비스를 받는 소수의 학생들이 등록한 3교시 생물학 시간에 배정될 수 있다. 이러한 교실 환경에서 지원인력은 모든 학생을 지원한다; 특정 학생에게 배정되기보다 대신에 그들은 교실을 돌아다니며 필요에 따라 단서, 촉진, 조언, 도움을 제공한다. 물론, 장애학생 또는 추가적인 지원을 필요로 하는 다른 학생들에게 특히 도움이 될 것이다. 이 지원 방식은 학생과 교사에게 많은 이점을 제공한다: 교사 대 학생 비율을 감축함으로써 개별 학생과 교사가 더 많은 시간을 보내도록 촉진하고, 낙인과 성인 지원에 대한 의존을 줄이며, 학생들로 하여금 반응할 수 있는 더 많은 기회와 교육자로부터의 피드백을 받을 수 있도록 하고, 또래와의 상호작용을 촉진한다.

또래보조 학습은 통합 교실에서 효과적인 수업을 제공할 수 있는 또 다른 기회이다. 또래보조 학습은 동일 연령의 또래가 장애학생과 파트너가 되고, 파트너가 학습하고 참여할 수 있도록 지원을 제공할 때 이루어진다(Carter, 2017). 예를 들어, 또래 파트너는 학생이 여러 가지 가능한 지원 중에서 말하기 생성 장치를 사용하거나, 질문에 응답하는 방법을 시범 보이거나, 과제를 협력하여 수행하도록 촉진할 수 있다. 또래는 여러 가지 이유로 통합 교실에서 훌륭한 지원 제공자이다: (a) 또래는 학교의 사회적 환경에서 무엇이 중요한지 알고 장애학생이 이러한 기대를 탐색하도록 도우며 사회적 기회를 제공할 수 있다; (b) 또래와 함께 활동하는 것이 성인 지원자와 함께 활동하는 것보다 훨씬 덜 낙인찍히며, 성인 지원은 또래와의 상호작용에 실제적인 장애물이다; (c) 또래 지원은 쉽게 이용 가능하므로 다른 자원이 부족한 학교에 대한 훌륭한 지원 해결책이다; (d) 또래 파트너는 이러한 파트너십을 통해 학업적, 사회적, 행동적으로 이익을 얻는다(Carter, 2017). 이상적인 또래 파트너들은 학교 출석률이 좋으며 장애학생들이 선호하는 파트너이다; 다시 말해 어른들이 종종 이러한 파트너십을 형성하지만, 장애학생의 선호를 찾아야 하며 모든 파트너십 결정에 포함시켜야 한다.

또래 지원을 사용하는 경우를 포함하여 통합 수업에서 새로운 역할과 책임의 다양성을 고려할 때, 모든 성인들의 기대를 명확하게 기술하는 것이 중요하다. 통합 교실에서 모든 교육자와 또래 파트너의 새로운 역할과 책임을 명확히 하기 위해 협력교수 역할과 책임 계획이 유용할 수 있다. 표 3.2는 그러한 계획을 수립하기 위한 양식을 제공하며, 교육자들로 하여금 수업의 주요 루틴, 일반교사의 협력교수 및 기타 책임, 특수교사의 협력교수 및 기타 책임, 지원인력의 활동, 또래 파트너의 책임을 확인할 수 있도록 초대한다. 또한 이 전반적인 계획에는 수업 전 계획하기와 수업 후의 성찰이 포함된다. 표 3.3에 제시된 계획하기 측면 중 몇 가지는 다음 절에서 논의한다.

통합 교실에서 교수 전략

통합 교실에서의 교육 방식에 대한 고찰과 더불어 지금부터는 통합 환경에서 장애학생을 가르치는 과정을 설명하고자 한다. 우리는 다음 3가지 과정: 수업 사이클, 통합 스케줄, 통합 수업 계획을 고려한다.

수업 사이클

효과적인 수업 사이클은 다음 세 가지 구성 요소: 협력계획, 협력교수, 진전도 점검을 포함한다. 그림 3.1과 같이 이는 각 단계가 다음 단계를 지속적으로 안내하는 반복 과정이다.

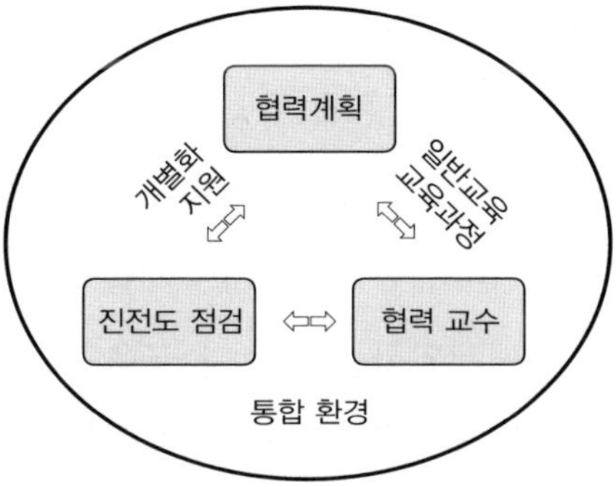

그림 3.1 통합교육을 위한 수업 사이클

협력계획

특수교사와 일반교사는 수업 내용, 지원, 평가를 함께 계획해야 하며, 개별 학생의 참여와 진보를 보장하기 위해 다양한 전략을 계획하고 실행할 준비를 한다. 협력계획은 이러한 목표를 달성하기 위한 수단으로 정기적으로, 가급적이면 각 단원 학습을 시작할 때에 이루어져야 한다. 협력계획을 수립할 때 교육자들은 교육과정 자료를 가지고 논의할 수 있는 방해받지 않는(수업 중이거나 학생을 감독하는 시간이 아닌) 시간을 확보해야 한다(Murawski, 2012).

특수교사와 일반교사는 수업 내용, 지원, 평가를 함께 계획해야 하며,
개별 학생의 참여와 진보를 보장하기 위해
다양한 전략을 계획하고 실행할 준비를 한다.

교육자들은 각 수업(예: 강의, 소집단, 실습)의 루틴에 따른 요소를 파악하고, 수업이 어떻게 제공되며, 무슨 내용이 다루어질지, 누가 수업을 할 것인지, 학생 지원은 어떻게 제공할 것인지 확인해야 한다(Toews et al., 2020). 학습할 단원을 계획하는 것은 각 차시 수업을 계획하는 것보다 교육자들이 루틴의 활동을 하는 동안 어떻게 가르치고 지원을 제공할 것인지에 집중할 수 있도록 함으로써 더욱 효율적이다; 따라서 그러한 루틴의 활동을 확인하고 이에 대한 계획을 세우면 매일 세부적인 계획을 세울 필요가 없다.

표 3.3 통합 수업 역할 및 책임 템플릿: 개별 적용을 위해 각 루틴 활동에 대한 주요 요소에 동그라미 하시오.

루틴 활동	일반교사의 책임	특수교사의 책임	지원인력의 책임	또래 파트너의 책임
(수업 전) 계획하기	• 수업 계획 수립 • 필요한 자료 결정 • 성취기준, IEP에 맞추어 수업 조정 • 집단화 및 활동 계획 • 조정 및 수정, 지원 사항 확인	• 수업 계획 수립 • 필요한 자료 결정 • 성취기준, IEP에 맞추어 수업 조정 • 집단화 및 활동 계획 • 조정 및 수정, 지원 사항 확인	• 교사 지시에 대한 조정 및 수정 사항 준비 • 필요한 자료 확보 • 활동 조정 및 관리 보조	• 해당 없음

대집단	• 1인 교수 1인 지원 • 팀티칭 • 평행교수 • 스테이션교수 • 대안교수 • 개별교수 • 기타:	• 1인 교수 1인 지원 • 팀티칭 • 평행교수 • 스테이션교수 • 대안교수 • 개별교수 • 기타:	• 존재하지 않음 • 학급차원 지원 • 개별 지원 • 자료수집 • 사무 지원 • 또래 파트너 지원 • 기타:	• 존재하지 않음 • 사회적/친교 지원 • 학업적 지원 • 의사소통 지원 • 기타:
소집단 (실습, 스테이션, 센터)	• 1인 교수 1인 지원 • 팀티칭 • 평행교수 • 스테이션교수 • 대안교수 • 기타:	• 1인 교수 1인 지원 • 팀티칭 • 평행교수 • 스테이션교수 • 대안교수 • 개별교수 • 기타:	• 존재하지 않음 • 학급차원 지원 • 개별 지원 • 자료수집 • 사무 지원 • 또래 파트너 지원 • 기타:	• 존재하지 않음 • 사회적/친교 지원 • 학업적 지원 • 의사소통 지원 • 기타:
독립 과제	• 1인 교수 1인 지원 • 팀티칭 • 평행교수 • 스테이션교수 • 대안교수 • 기타:	• 1인 교수 1인 지원 • 팀티칭 • 평행교수 • 스테이션교수 • 대안교수 • 개별교수 • 기타:	• 존재하지 않음 • 학급차원 지원 • 개별 지원 • 자료수집 • 사무 지원 • 또래 파트너 지원 • 기타:	• 존재하지 않음 • 사회적/친교 지원 • 학업적 지원 • 의사소통 지원 • 기타:
수업 후	• 학생 데이터 검토 • 학생 조정 및 수정, 지원 사항 검토 • 집단화 검토 • 성적처리	• 학생 데이터 검토 • 학생 조정 및 수정, 지원 사항 검토 • 집단화 검토 • 성적처리	• 학생 데이터 집계 • 학생 조정 및 수정, 지원 사항 검토 보조 • 집단화 검토 보조 • 성적관리 보조	• 해당 없음

협력교수

통합 수업의 중요한 이점은 두 명 이상의 성인이 함께 협력하여 학생들에게 수업을 제공하는 협력교수 방식이 가능하다는 것이다(Friend et al., 2010). Murawski(2012)에 따르면, 다양한 협력교수 방식이 가능하다(표 3.3에 열거함): (a) **1인 교수 1인 지원**, 1인의 교육자가 전체 학급을 대상으로 수업을 할 때, 다른 한 명의 교육자가 지원(예: 실험 준비, 교실 관리, 자료 수집)을 제공한다; (b) **팀티칭**, 두 교사가 수업을 제공(예: 서로 번갈아 가면서 수업 진행, 문제해결 방법 모델링); (c) **평행교수**, 한 명의 교육자가 학급 절반의 학생에게 수업을 하고, 다른 교육자가 다른 절반의 학생에게 동시에 교육을 제공한다; (d) **스테이션교수**, 스테이션에 각각의 교육자가 있으며 학생들이 다른 스테이션 또는 센터로 이동한다; (e) **대안교수**, 한 명의 교육자가 대집단 학생들과 수업하는 동안 다른 교육자는 소집단의 학생들과 수업한다. 교육자들은 다른 날, 하루에 다른 수업에서, 또는 수업 내 다른 활동으로 서로 다른 협력교수 방식을 사용할 수 있다. 다시 말해서, 교육자들은 그들의 독특한 관심사, 기술, 선호도를 고려하여 어떤 유형의 협력교수 방식이 그들에게 가장 효과적일지 결정할 수 있다.

진전도 점검

성공적인 교육자들은 수업의 효과를 측정하기 위해 형성적인 자료를 수집한다. 그리고 이러한 자료를 근거로 교육적 의사결정을 내린다. 예를 들어, 유치원 교사는 학생들이 단어의 운율을 얼마나 정확하게 맞추는지에 대해 진전도 점검 자료를 수집하고, 어느 학생에게 더 집중적인 수업을 제공할 필요가 있는지 결정하는 데 자료를 사용한다. 이러한 지속적인 수업, 평가, 자료 기반 의사결정 과정은 일반교육 교육과정에서 학생에게 충분한 진보를 보장하기 위해 사용된다(Watson et al., 2011). 통합 환경에서 일반교사와 특수교사가 협력하여 자료를 수집하고, 자료를 분석하며, 이 정보로 교육적 결정을 내린다. 따라서 이러한 역할과 책임은 협력적 계획하기 시간 동안에 이루어져야 한다.

통합 환경에서 일반교사와 특수교사가 협력하여 자료를 수집하고, 자료를 분석하며, 이 정보로 교육적 결정을 내린다.

효과적인 통합 지원 설계하기

통합 스케줄

필요한 경우 통합 환경에서 지원을 제공하는 스케줄을 만드는 것이 학생의 진보를 보장하는 데 필수적이다. 이를 위해서는 교사, 학생, 지원인력 및 관련 서비스 제공자의 일정을 통합할 필요가 있다. 학생 한 명을 위한 스케줄에 포함할 다수의 요인을 고려하면, 사례별 학생들을 위한 스케줄을 설계하는 작업은 상당히 복잡해진다! 일반적으로 말해서, 교육자들은 학생들에게 가용 자원을 최대한 활용할 수 있는 스케줄을 설계하기 위해 협력할 것을 권장한다.

시작하려면, 일반교육 교실 학생들이 참여할 루틴을 고려하고, 학생들이 지원을 필요로 하는 수업 시간들에 시차를 두도록 교육자들과 협력하라. 초등학교에서 실시한 효과적인 사례 연구에서 McLeskey 등(2014)은 교사들이 하루 중 다양한 시간에 핵심 영역(예: 문해력)에 대한 수업을 제공하여 협력교사들과 다른 지원인력이 참석할 수 있었음을 발견하였다. 이런 단순한 계획하기 활동이 없다면, 예를 들어, 모든 초등 교사들이 동시에 문해력을 가르칠 수 있는 가능성은 상당하며, 이로 인해 특수교사들은 모든 교실에서 문해력 수업을 하는 동안 참석하는 것이 불가능해진다.

일반교육 루틴에 대한 마스터 스케줄을 마련하면, 다음 단계는 성인 지원을 레이어링(옷차림을 겹쳐 입는 방식처럼)하는 것이다. 교육자들은 협력계획의 시기, 협력교수 시기, 학급 차원의 지원인력 지원을 받을 학급 활동이 무엇인지 파악해야 한다. 그렇게 함으로써, 성인 지원은 필요할 때 제공하고 반면 다른 자연적인 지원(예: 또래보조 학습)은 다른 수업 루틴에서 사용할 수 있다.

마지막으로, 이러한 지원을 제공하기 위한 적절한 시간과 방법을 결정하기 위해 관련 서비스 제공자(예: 음성 및 언어 병리학자)와 협력하라. 이러한 지원에 협력교수도 포함된다. 예를 들어, 음성 및 언어 병리학자는 사회적 의사소통 기술을 가르치기 위해 소집단 활동을 하는 동안 소집단 수업을 제공할 수 있다. 그 외의 시간에 관련 서비스 제공자는 서비스의 특성상 별도의 환경에서 직접교수를 제공할 필요가 있을 수 있다. 하지만 풀 아웃(pull-out) 서비스는 학습을 방해하고, 별도의 영역으로 이동하며 진행 중인 수업을 놓치면서 수업 시간의 손실이 있기 때문에 최소화하고 신중하게 계획해야 한다.

통합 수업 계획

스케줄을 완성하면 효과적인 통합 수업을 하는 데 중요한 다음 단계는 무엇을 가르치고, 언제 가르칠 것인지를 계획하는 것이다.

무엇을 가르칠 것인가. 무엇을 가르칠 것인가는 일반교육 교육과정과 학생의 IEP 목표에 근거해야 할 것이다. 이것은 다소 단순해 보일 수 있지만, 교육자들은 장애학생들이 일반교육과 모든 IEP 목표 둘 다를 "계속" 할 수 있도록 돕는 방법을 찾는 것을 종종 어려워한다. 따라서 두 가지 팁을 제공하면 다음과 같다:

• **IEP 목표를 가능한 한학년 수준에 적합한 성취기준과 연계되도록 하라**. 그러면 IEP 목표가 시간과 수업에 대해 성취기준과 경쟁하는 것을 예방할 수 있다. IEP 목표와 성취기준을 관련시키기 위한 다양한 전략이 있는데, 여기에는 (a) 학생의 학년 수준을 기준점으로 하고, (b) 목표가 성취기준의 내용 및 수행 기대로 중심을 세우는 것이 포함된다(Browder et al., 2006).

• **데이터 기반 팀 의사결정 과정의 일부로 학습의 우선순위를 정하라**. 교육의 중요한 목표는 학생들이 계속해서 배우는 것이다. 하지만 종종 우리는 따라잡는 데 지나치게 집중하게 된다. 따라서 교육자들은 학생들이 일반교육 교실의 수업 속도를 따라가지 못하더라도 계속해서 학습할 수 있도록 결정을 내려야 한다. 한 가지 방안은 학생의 팀과 협력하여 수업의 각 단원별 학습 내용의 우선순위를 정하는 것이다(Giangreco et al., 2011). 예를 들어, 고등학교 생물학 시간에 세포의 감수분열과 유사분열에 대해 학습하는 단원에서 50개의 어휘와 다른 20개의 주요 개념을 배울 수 있다. 어떤 학생들에게는 학습해야 할 단어와 개념의 수가 적절하다. 반면 다른 학생들은 다른 수의 개념을 배워야 한다. 아마도 심한 인지적 장애를 가진 한 학생은 5개의 어휘와 2개의 개념을 배울 것이다. 팀은 그 단어들과 개념 중

어떤 것이 학생에게 가장 관련이 있는지를 결정하고, 교육과정 수정과 지원을 그 단어와 개념에 초점을 맞추도록 해야 할 것이다. 이것은 학생으로 하여금 따라잡아야 한다는 부담감 없이 학년에 맞는 학업 내용을 계속 학습할 수 있게 해준다. 학생들이 수업을 받고 교육자들은 자료를 수집하면서, 팀은 필요에 따라 학습 속도에 기초하여 수업 중 한 학생을 위해 교육과정 목표를 조정할 수 있다.

언제 가르칠 것인가. 학년에 맞는 IEP 목표를 개발하고 학습 단원에 대한 수업 목표를 확인하면, 교육자들은 다음 관심사인 언제 가르쳐야 하는지에 대해 다룰 수 있다. 너무 자주, 언제 가르쳐야 하는지가 어디서 가르쳐야 하는지와 혼동되어 왔다. 즉, 학생들은 종종 일반교육에서 가르치는 것과 상당히 다른 목표를 가지고, 팀은 일반교육 내용을 학습하기 위한 명확한 수업 목표가 없다. 그 결과, 학생들은 일반교육 교실에서 분리되고 특수교육 환경에서 기술을 배우게 된다.

이것은 앞서 논의했던 전략을 사용하는 것뿐만 아니라 일반교육 루틴에 학생의 IEP 목표 및 수업의 우선순위를 추가하는 증거 기반의 실제(Jimenez & Kamei, 2015)에서 삽입교수를 사용함으로써 피할 수 있다. 팀은 보통 언제 학생들이 IEP 목표와 수업의 우선순위를 연습할 수 있는 자연스러운 기회를 가질 것인지를 결정한다. 그런 다음 그들은 학생들이 날마다 기술을 연습할 수 있는 충분한 기회가 있는지를 결정한다. 만약 충분한 기회가 없는 경우(학생의 진전도 점검 자료를 기반으로), 추가적인 보충 기회를 제공한다. 예를 들어, 수학은 IEP 목표로 덧셈과 뺄셈을 연습하는 자연스러운 시간이고, 소집단 활동은 사회적 의사소통을 목표로 노력하는 자연스러운 시간이다.

일반교육 수업을 위해 확인한 수업의 우선순위는 대부분의 수업일 동안 그것을 수행할 수 있는 많은 자연스러운 기회를 가질 것이다. 그러나 어떤 학생들은 학생에게 필요한 IEP 목표가 있지만 일반적인 수업 시간에는 충분히 자주 기회가 발생하지 않을 수 있다. 예를 들어, 아마도 심한 인지적 장애가 있는 고등학생은 동전의 이름과 값을 구분하는 것을 배운다. 대부분의 고등학생들은 이 기술을 익혔기 때문에 고등학교 과정에서는 배우지 않는다. 동전에 대해 연습할 수 있는 유일한 자연스러운 시간은 학교 매점일 것이지만, 이것은 여전히 기회가 너무 적다. 그래서 팀은 교사가 출석을 부르고 학생들이 자료를 꺼내거나 활동 간 전환하는 일과 중 수업 시간이 아닌 시간 동안 동전 구분을 위한 보충 학습 기회를 추가할 수 있다. 이 시간 동안 또래 파트너, 지원인력 또는 교사는 교육 기회(두 개의 동전을 가지고 "어느 것이 5센트일까?")를 제시할 수 있다. 이는 하루에 몇 번 반복할 수 있어 학생들이 일반교육 교실을 떠나거나 학습의 우선순위 기술을 연습하기 위한 수업을 놓치지 않고 다양한 기술을 연습할 수 있게 한다(McDonnell et al., 2008).

통합 교실에서 공학

오늘날 개인 공학은 어디에나 있다. 우리 가정에서 스마트폰, 태블릿, 보이스 비서는 질문에 답을 하는 것부터 조명을 켜는 것까지 모든 일을 할 수 있게 해주며, 공학은 오늘날의 일상에 지대한 영향을 준다. 또한 공학은 우리가 수업을 제공하는 방식에도 변화를 가져오고 있다. 학생들은 음성-문자 변환 소프트웨어, 화면 읽기 프로그램, 음성-출력 의사소통 기기와 불과 몇 년 전만 해도 들어보지 못했던 방식의 여러 가지 많은 지원을 받을 수 있다. 이러한 공학 기술들이 사용자가 늘고 전 세계 사람들을 위한 삶을 단순화함에 따라, 비용은 계속해서 감소하며 학교에서도 사용이 확산된다. 장애 및 비장애학생 모두 오늘날 세계 시민이 되도록 준비시키며 학습을 촉진하기 위해 이러한 공학에 적절하게 접근하고 학습할 수 있는 기회를 가지는 것은 필수적이다.

보편적 학습설계

다른 개인화된 지원과 마찬가지로 학생들은 어떤 공학 기술이 자신에게 가장 적합한지 또는 이를 어떻게 사용하는지 알고 태어나지 않는다. 따라서 학생들에게 수업과 기회를 정기적으로 제공하여 학생들이 자신에게 가장 적합한 것을 배우고 특정한 목적을 위하여 특정 공학 기술을 사용하는 것을 선택할 수 있도록 해야 한다. 통합교육 교육자들은 보편적 학습설계와 같은 전략을 사용하여 수업에 공학을 포함해야 한다(UDL; Cook & Rao, 2018). 제2장에서 논의한 것처럼 UDL은 모든 수업은 처음부터 장애물을 줄이기 위해 설계되어야 한다는 전제를 기반으로 하며, 공학은 장애물을 줄이기 위한 준비된 수단을 제공한다. 예를 들어, 문해력 시간에 학생들은 소설 읽기를 통해 지문 이해력을 배우고, 교육자들은 다양한 형태: 인쇄물 형식, 텍스트-음성 변환 소프트웨어를 통한 오디오 형식, 이미지를 추가한 단순화한 텍스트의 소설을 제공할 수 있다.

UDL은 모든 수업은 처음부터 장애물을
줄이기 위해 설계되어야 한다는 전제를 기반으로 한다.

UDL 접근으로 학생들은 배우고 싶은 형식을 선택하고 형식에 관계없이 지문 이해력에 대한 동일한 기대를 유지한다.

공학 보조 학습

공학은 학습을 재미있고 매력적으로 만드는 데 유용하다. 교육자들은 종종 공학이 학생들의 주의를 산만하게 할 것이라고 두

려워하지만, 많은 학생들은 학습을 더 재미있고 흥미롭게 만든다고 믿기 때문에 학습에 공학을 사용하는 것을 선호한다. 어렵거나 "지루한" 과목은 가상 수업, 비디오, 쌍방향 게임을 통해 살아날 수 있다. 중요한 것은 공학 보조 학습(태블릿이나 컴퓨터로 하는 학습)이 개인 맞춤형 학습을 촉진할 수 있다는 점이다. 이러한 공학 기술을 사용하면 낙인이 줄어들고 학생들이 필요한 지원(예: 큰 글꼴 또는 텍스트-음성 변환)을 사용하여 자신의 기술 수준에 적절한 자료를 가지고 수행할 수 있다. 공학은 마찬가지로 학생들이 개인화된 수업을 통해 자신의 속도에 맞춰 학습할 수 있도록 한다. 연구는 iPad에서 음성-생성 애플리케이션을 사용하는 학생들에게 파닉스(Ahlgrim-Delzell et al., 2016)를, 인지적 장애가 있는 학생들에게 쓰기(Felix et al., 2017)와 같이 다양한 기술을 가르치기 위해 여러 가지 앱을 어떻게 사용할 수 있는지 보여주었다(Ahlgrim-Delzell et al., 2016). 요약하면, 통합 교실에서의 공학 통합은 이전 세대에서는 불가능했던 방식으로 학생의 학습과 의사소통 및 개인화된 지원을 위한 문을 열 수 있는 공학의 능력이 있다.

결론

이 장에서 우리는 '어떻게 하면 더 잘 가르칠 수 있을까?'라는 질문에 답을 하는 것으로 광범위하게 살펴보았다. 이러한 효과적인 실제는 장애학생들이 일반교육 교실에 점점 더 많이 통합되고, 교사들이 그러한 맥락에서 학생들을 가르치기 위한 방법을 필요로 한 2세대 통합교육 실제(제5장에서 자세히 논의)에서 나타났다. 각각의 실제는 그 자체로도 책이 될 수 있으며, Norton Inclusive Education for Students With Disabilities 시리즈의 향후 권에서는 중 이들 일부를 확장할 것이다. 증거 기반의 그리고 하이 레버리지 실제가 통합교육에 중요한 것으로 나타났음을 이해하는 것이 중요하다.

학습 성찰 질문

1. 가족-학교 파트너십, 수업 전략, 교육 방식, 교수 전략과 공학은 각각 어떻게 기대를 높이고 긍정적인 학생 성과를 증진하는가?
2. 교육자들의 역할과 책임은 통합 교실에서 어떤 방식으로 변화해야 하는가?
3. 이 장에서 설명한 수업 사이클은 지속적인 평가와 통합 수업의 향상을 위한 기회를 어떻게 만드는가?
4. UDL 프레임워크의 적용으로 어떻게 모든 학생을 위한 통합 기회가 향상되는지 설명하라.

4

효과가 있는지 어떻게 알 수 있을까?

통합교육을 지원하는 증거

지난 수십 년 동안 정책 지침과 윤리, 연구 기반 증거 등이 한데 모아짐에 따라 일반교육 환경에서 장애학생을 통합하여 교육하는 것에 대한 관심이 높아지고 있다. 제1장에서 논의한 바와 같이 2004년의 장애인교육법(IDEA)과 2015년의 모든 학생 성공법(ESSA)은 일반교육 환경에서 일반교육 교육과정을 배우는 학생들에게 초점을 맞춘다. 게다가 IDEA는 학교가 장애학생에게 "일반교육 교육과정에 접근하여 … 학년 수준 표준에 기초하여 학년 수준의 내용을 배울 수 있도록"(§300.26(b)(3)(ii)) 제공할 것을 요구하며, 이에 따라 주의 표준이 핵심 교육과정을 결정한다.

정책적인 이유 외에도 통합교육은 윤리적인 고려사항이 뒷받침된다. 한 가지 중요한 윤리적 근거는 장애가 단순히 인간의 다양성과 인간 경험의 일부라는 것이다. 이러한 장애에 대한 견해는 수용과 존중을 포괄한다. 이는 또한 공동체가 각 사람의 다양성을 포용하고 기념하기 위해서는 서로를 알고 인정하며 함께 배우고 서로로부터 배워야 하며, 서로 단순히 관용하는 것을 넘어서야 함을 강조한다. 이처럼 통합교육은 다양성을 추구하고 기념하는 데 기본적인 것으로, 학생들이 평생 함께 살고 일할 수 있도록 준비시키기 위해 학교에서 함께 배우는 것을 옹호한다.

점점 늘고 있는 방대한 연구들이 통합교육을 지원한다. 사실, 지난 40년 동안의 연구는 장애와 비장애학생들이 함께 학습할 때 더 나은 성과를 경험한다는 것을 보여준다. 통합 환경의 주요한 이점은 내용을 가르치기 위한 자료 및 도구를 지닌 핵심적인 교과 내용에 대한 전문지식을 보유한 일반교사가 존재한다는 것이다(Kleinert et al., 2015). 또한 통합교육은 장애학생을 포함한 모든 학생에게 양질의 수업을 제공하는 교사의 능력을 향상시키는 것으로 나타났다(Finke et al., 2009). 장애학생을 위한 통합교육의 또 다른 이점은 삶의 질의 향상과 개선된 교육적 경험을 포함한다(Hunt et al., 2012). 나아가 연구는 통합교육이 장애학생들의 졸업 이후의 성과 향상에 기여함을 시사한다(Mazzotti et al., 2013; Test et al., 2009).

이 장은 다섯 가지 영역: 학업, 사회-정서 학습, 의사소통, 우정 및 관계, 비장애학생에게 미치는 영향에 걸쳐 통합교육을 지원하는 연구 증거를 설명하는 데 중점을 둔다. 다음 우리는 이러한 자료가 어떻게 장애인들이 전 생애에 걸쳐 긍정적인 성과를 경험할 수 있는 기회를 제공하기 위해 학교 내에서 변화를 취하도록 강요하는지 고려한다. 우리는 두 집단의 장애학생을 고려한다: (a) "높은 출현율" 장애학생은 학습장애, 주의력결핍장애, 말하기 및 언어장애가 있는 학생을 포함한 장애학생의 대부분을 차지하고, (b) "낮은 출현율" 장애학생은 중증의 인지적 장애가 있고 해당 주에서 대안 평가를 받을 자격이 있는 학생들의 약 1%를 차지한다.

학업 진보

교육 연구는 문해력, 수학, 과학 분야에서 모든 학생을 위한 학업 역량의 향상이 미래의 성과 향상과 관련이 있다는 것을 보여준다. 예를 들어, 문해 기술은 교육적, 경제적, 그리고 전반적인 삶의 성과를 위해 상당히 향상된 기회로 이어진다. 수학 분야에서 수학 기술에 대한 가장 기본적인 지식이라도 나중에 취업의 가능성을 높인다. 더 높은 수준의 수학 능력은 추가적인 중등 이후의 교육 기회와 다양한 잠재적인 직업 선택권 및 경제적 성공의 증가로 이어진다(Wei et al., 2012).

문해력, 수학, 과학 분야에서 모든 학생을 위한 학업 역량의 향상은 미래의 성과 향상과 관련이 있다.

분명히 학업 성취는 중요하며 장애학생을 위한 개별화교육프로그램(IEP)을 개발하고 해당 IEP 서비스가 어디에서 제공되는지를 결정할 때 고려되어야 한다. 대규모의 증가하는 연구에서는 장애학생들이 전일제 특수학급과 비교하여 통합 환경에서 학업 기술을 더욱 낫게는 아니더라도 동등하게 배운다는 것을 보여준다. 우리는 먼저 출현율이 높은 장애학생을 고려한다. 몇몇 연구는 통합 환경에서 가르친 출현율이 높은 장애학생 대 분리된 특수교육 또는 특수학급(resource classroom)에서 가르친 학생의 성과를 직접적으로 비교하였다. 예를 들어, Tremblay(2013)는 통합학급 대 전일제 특수학급에서 가르친 학습장애학생들의 읽기와 쓰기 점수를 비교하였고, 통합학급 학생들이 더 높은 점수를 받은 것으로 나타났다. 이와 유사하게 Cole 등(2020)은 출현율이 높은 4~8학년 학생 약 1,700명의 주 정부의 읽기와 수학 점수를 비교하였다. 일반교육 환경에서 더 많은 시간을 보낸 장애학생들이 별도의 특수학급에서 더 많은 시간을 보낸 학생들보다 수학과 읽기 평가 모두에서 유의미하게 더 나은 결과가 나타났다.

낮은 출현율 장애학생에게도 비슷한 패턴의 학업적 혜택이 있다. 예를 들어, Dessemontet 등(2012)은 지적장애 아동 68명의 문해력과 수학의 성과를 조사하였다. 34명은 통합 학교에서, 34명은 별도의 특수교육 교실에서 가르쳤다. 통합학급의 학생들의 문해 기술이 더 뛰어났으며, 수학 성과에서는 차이가 없었다. Kurth와 Mastergeorge(2010)는 자폐성장애 및 지적장애학생 15명의 교육적 진보를 검토하였는데, 이들의 교육 기록은 유치원부터 9학년까지 검토되었다. 학생들은 10년(K-9) 동안 통합학교 또는 별도의 특수교육 교실 어느 쪽이든 계속해서 등록되어 있었다. 연구자들은 통합학급에서 가르침을 받은 학생들이 특수학급 프로그램으로 짝을 이룬 동료들보다 훨씬 더 높은 읽기, 수학, 쓰기 성과를 얻었음을 발견하였다.

장애학생들이 특수학급과 비교하여 통합 환경에서 학업 기술을 더욱 낫게는 아니더라도 동등하게 배운다는 것을 보여준다.

사회-정서 학습

장애학생들은 종종 문제행동을 보인다는 이유로 일반교육 교실에서 제외된다. 때때로 학생들은 충족되지 않는 사회-정서적 요구 때문에 학습하는 데 어려움을 겪으므로, 정서 · 행동장애 학생을 가르치는 데 전념하는 교정적 특수교육 프로그램 또는 교실로 그들을 이동시켜야 하는 위험에 처하게 된다. 다른 한편으로 교사들은 문제행동을 보이거나 퇴출된 학생들과 연락하는 데 어려움을 겪어 학생들이 뒤처지고 특수교육 서비스에 의뢰되기도 하였다. 분명히 사회적, 정서적, 행동적 성과는 학생들이 학교에서 배우고 성장하도록 돕는 데 중요하다. 연구는 학생들이 통합 환경에서 교육을 받을 때 성인이 되기까지 더욱 긍정적인 사회-정서적 궤도를 가지며 반사회적인 행동을 덜 한다는 것을 보여주었다(Woodman et al., 2016). 이 연구는 문제행동 때문에 학생을 제외시키는 것은 역효과를 낳으며, 학생들은 맥락에 따른 감정 조절 기술을 배워야 한다는 것을 시사한다. 즉, 학생들은 자연스러운 환경에서 이러한 기술이 필요한 시기와 장소에 대처하는 전략 및/또는 대체할 수 있는 행동을 배워야 한다.

통합 맥락에서 사회-정서적 기술을 가르치기 위한 한 가지 전략은 또래 보조 학습을 사용하는 것이다. 이는 장애학생 및 장애 위험군 학생에게 긍정적인 사회-정서적 성과를 촉진하는 데 매우 효과적인 것으로 밝혀졌다(Moeyaert et al., 2019). 사회-정서 학습과 관련된 또 다른 고려사항은 학생의 자립심(self-sufficiency) 및 독립성(independence)과 관련되며, 여기에는 독립적으로 과제를 수행할 수 있는 기술들이 포함된다. 종단 연구에서는 통합 환경에서 교육을 받은 장애학생들이 전일제 특수학급에서 교육을 받은 학생들보다 더욱 독립성과 자립심을 보여주었음을 밝혔다(Newman & Davies-Mercier, 2005). 통합 환경에서 교육받은 학생들은 전반적으로 더 나은 자기결정 기술을 보여준다(Hughes et al., 2013). 마지막으로 연구자들은 통합 환경에서 교육을 받은 장애 청소년들이 별도의 환경에서 교육을 받은 또래들보다 교과 활동에 더 많이 참여한다는 사실을 발견하였다(Kurth & Mastergeorge, 2012). 이러한 연구를 종합하면, 통합교육은 장애학생들에게 다양한 긍정적인 사회-정서적 성과와 밀접하게 연관되어 있음을 보여준다.

학생들은 통합 환경에서 교육을 받을 때 성인이 되기까지 더욱 긍정적인 사회-정서적 궤도를 가지며 반사회적인 행동을 덜 하게 된다.

의사소통

의사소통은 학교 경험의 핵심인데, 교사들과 학업에 참여하고 또래들과 교제하는 데 필요하기 때문이다. 사실, 의사소통은 아이로서 그리고 향후 어른으로서도 거의 모든 활동을 위해 하루 종일 사용된다. 이러한 이유로 의사소통은 중요한 개인 맞춤형 교육 기술로도 자주 언급된다. 그러나 복잡한 의사소통 요구를 지닌 장애학생(효과적인 의사소통을 위해 지원이 필요한 학생)의 경우, 의사소통 요구가 해결되지 않으면 이러한 경험이 저하된다. 복잡한 의사소통 요구가 있는 학생들은 음성을 보완하기 위해 그림 또는 글자와 같은 지원을 사용할 수 있는 반면, 일부 학생들은 음성-생성 기기와 같은 보완대체의사소통(AAC)을 사용하여 의사소통한다. 복잡한 의사소통 요구가 있는 장애학생은 일반교육 교육과정에 접근하지 못하고, 낮은 학업 성과를 보이며, 일반교육 교실에 배치되지 못하고, 학교 관계자들로부터 낮은 기대수준을 경험할 위험이 있다(Kurth et al., 2014; Kleinert et al., 2015; Ruppar et al., 2011).

문제행동을 보이는 장애학생들이 별도의 환경에서 교육을 받을 가능성이 더 높은 것처럼, 의사소통 지원요구가 있는 장애학생들도 마찬가지이다. 복잡한 의사소통 요구가 있는 학생들이 의사소통하는 데 효과적인 수단 없이 학교를 떠나는 경우가 많지만, 통합교육은 의사소통 성과를 향상시키는 것으로 나타났다(Foreman et al., 2016). 이에 대한 한 가지 이유는 통합 환경일수록 의사소통 파트너가 포함될 가능성이 훨씬 더 높기 때문이다. 별도의 교실에서는 많은 학생들이 복잡한 의사소통 요구를 가지고 있어 사회적 의사소통 기술을 연습하고 개발할 수 있는 유능한 의사소통 파트너가 적다. 또한 통합 환경은 더 많은 학생들이 있으므로, 비슷한 관심사를 가지고 의사소통할 수 있는 또래를 찾을 수 있는 가능성이 더 있다는 의미이다. 마지막으로, 통합 교실(학생들이 노출되는 언어)의 담론은 훨씬 더 풍부하여 학생들에게 다양한 언어 구조를 듣고 의사소통 기술을 개발할 수 있는 더 많은 기회를 제공하는 것으로 나타났다.

우정 및 관계

누구에게나 학창 시절에 대해 가장 기억에 남는 것이 무엇인지

물어보면, 변함없이 초등학교에서 쉬는 시간이나 스포츠, 동아리, 또는 중학교에서 방과 후 이벤트 등 친구들과 함께 즐겼던 사회적 활동에 대해 생각한다. 우정 및 관계를 형성하는 것은 발달에 매우 중요하며, 솔직히 말해서 학교와 직장에서 가장 즐거운 측면에서 많은 결과를 가져온다. 사회적 관계의 중요성을 고려할 때 통합교육의 우정 및 관계의 성과는 매우 광범위하게 연구되어 왔다. 이 연구는 일관되게 통합 환경에서 가르친 장애학생들이 분리된 교실에서 가르친 장애학생들보다 더 나은 사회적 기술과 더욱 강력한 사회적 네트워크를 가진다는 것을 발견하였다(Fisher & Meyer, 2002).

연구자들은 장애학생들이 통합 환경에서 교육을 받을 때 사회적 네트워크와 또래 모델에 대한 접근으로 인해 사회적 기술이 더 크게 성장한다고 제안하였다(McDonnell et al., 2002). 실제 통합 환경에서 교육을 받는 장애학생들은 확장된 사회적 네트워크와 사회적 기술을 개발할 수 있는 더 많은 기회를 가진다(Kennedy & Itkonen, 2016). 통합 환경에서 교육을 받는 장애학생들의 사회적 참여 수준이 더 높다(Lyons et al., 2011).

통합 환경에서 가르친 장애학생들이 분리된 교실에서 가르친 장애학생들보다 더 나은 사회적 기술과 더욱 강력한 사회적 네트워크를 가진다.

비장애학생에게 미치는 영향

지금까지 이 장에서 우리는 장애학생에게 초점을 맞추었다. 연구는 장애학생을 위한 통합교육의 많은 이점을 강조하였다. 하지만 많은 교사와 학부모, 행정가들은 통합교육이 비장애학생들에게 미치는 영향에 대해 우려한다. 비장애학생을 위한 통합교육의 성과에 대해 우리는 무엇을 알고 있을까? 다행히도 이 질문에 전념하는 많은 연구들은 일반교육 교실에서 장애학생을 교육하는 것이 비장애학생에게 해가 되지 않고 그들에게 도움이 될 수 있다는 것을 보여주었다.

2007년 연구자들은 통합교육이 비장애학생들의 학업 발달에 미치는 영향에 초점을 맞춘 26편의 다양한 연구를 체계적으로 검토하여, 연구 성과의 81%에서 비장애학생들은 효과를 경험하지 못했거나 긍정적인 효과를 경험했다고 보고한 것으로 나타났다(Kalambouka et al., 2007). 2009년에 이루어진 유사한 검토에서도 동일한 결론을 도출하였다. 장애학생의 통합교육은 비장애학생의 학업 성과에 긍정적이거나 중립적인 영향을 미친다(Ruijs & Peetsma, 2009).

일반교육 교실에서 장애학생을 교육하는 것이
비장애학생에게 해가 되지 않고 그들에게 도움이 될 수 있다.

통합교육이 비장애 학생에게 긍정적이거나 중립적인 영향을 미치는 이유는 무엇일까? 몇 가지 이유가 가능하다. 첫째, 통합학급 교사들은 다양한 학습자의 요구를 충족시키는 전략과 기법의 사용을 포함하여 모든 학생에게 도움이 되도록 가르치는 방법을 수정할 수 있다(Desemontet & Bless, 2013). 둘째, 통합 환경에서 일하는 교사들은 모든 학생에게 도움이 되는 방법으로 동료들의 전략과 지원을 모으며 더 많이 협력할 수 있다(Sharma et al., 2008). 셋째, 긍정적 행동지원(PBS)과 다층지원체계(MTSS)에 대한 조정된 학교 차원의 접근은 교사들에게 협력적인 학제 간 문제해결 접근을 통해 모든 학생들의 행동과 학습 요구를 충족시킬 수 있는 전략을 갖출 수 있게 한다(Giangreco et al., 1993).

배치 경향 조사하기

수십 년에 걸친 연구는 장애 및 비장애학생들이 효과적인 교육을 지원하는 통합교육의 혜택을 받는다는 것을 보여준다. 우리는 또한 질문을 받았을 때, 부모와 가족들이 통합교육이 자녀에게 학업적으로나 사회적으로 도움이 된다고 믿으며 통합교육을 지지하는 경향이 있음에 주목한다(Peck et al., 2004). 장애인교육법(IDEA)에서 교육 팀이 연구를 기반으로 교육적 결정을 하도록 요구한다는 점을 고려하면, 연구가 통합교육을 지원하는 것이 분명하며, 따라서 이는 미국에서 특수교육 서비스를 받는 장애학생을 위한 사실상의 배치가 되어야 한다. 한마디로 장애학생을 통합하지 않을 핑계가 없다. 학교 수업일의 일부 또는 전부에 대해 차별하거나 분리해야 할 설득력 있는 이유가 없다.

그러나 장애학생이 특수교육 서비스를 받는 곳을 포함하여 IDEA 시행에 대해 주 정부에서 보고한 자료를 검토한 결과, 모든 장애학생을 통합 환경에서 교육하는 데 있어 제한적인 진전이 나타났다. IDEA 이행에 관해 의회에 제출한 최근 보고서(Office of Special Education and Rehabilitative Services, 2019)에 따르면, 장애학생 중 63.5%만이 일반교육 환경에 통합되었으며; 18.1%는 지원적 환경(resource settings)에서, 즉 하루 중 일부는 일반교육에서 일부는 별도의 교실에서 교육을 받았고; 13.3%는 대부분 별도의 전일제 특수학급에서 가르쳤으며, 5%는 완전히 분리된 학교에서 가르쳤다. 이러한 자료를 자세히 살펴보면 문제가 되는 경향이 드러난다. 더 많은 장애학생들을 통합 환경에서 교육하는 데는 거의 진전이 없고, 출현율이 낮은 장애학생에 비해 출현율이 높은 장애학생들이 일반교육에 훨씬 더 많이 통합되었다.

통합 환경에서 더 많은 장애학생을 교육하는 데 있어서의 진전을 고려하여, McLeskey와 동료들(2012)은 1990-1991학년도와

2007–2008학년도 사이의 학생 배치를 추적하였다. 1990–1991학년도에는 약 39%의 장애학생이 통합 환경에서 교육을 받았고, 2007–2008학년도까지 65.5%가 통합 배치 환경에서 교육을 받은 것으로 나타났다. 하지만 통합 환경에서 이러한 증가한 배치의 대부분은 특히 학습장애와 언어장애가 있는 높은 출현율의 장애학생들로부터 왔다. 정서 · 행동 장애학생들은 거의 변화가 없었다. Morningstar, Kurth와 동료들(2017)은 낮은 출현율 장애학생에 초점을 맞추어 유사한 검토를 하였는데, 자폐성 장애, 지적장애, 중복장애, 청각장애학생들을 대상으로 2000년에서 2014년 사이의 배치 경향을 조사하였다. 그들은 이 그룹의 학생들이 일반교육 통합 환경보다 분리된 별도의 교실에서 수업을 받을 가능성이 약 4배나 높다는 것을 발견하였으며, 2000년과 2014년 사이에 거의 변화가 없었다.

다 같이 끌어당기기

우리가 이 장에서 설명한 것처럼, 학교 내에서 배치는 학생 성과에 있어 중요하다. 최근 연구는 또한 학교 배치가 평생에 걸쳐 영향을 미친다는 것을 보여준다. 안타깝게도 장애학생들은 결석 및 유급은 물론 고등학교를 졸업하지 못할 위험이 있으며, 이는 경제적 성과가 나쁘며 평생 동안 좋지 않은 건강 상태를 경험할 위험이 증가하는 등 수많은 결과를 초래한다(Yoder & Cantrell, 2019). IDEA의 이행에 관해 의회에 제출한 가장 최근의 보고서에 따르면, 14–21세 사이의 장애학생 약 15%가 학교를 중퇴하고, 45%만이 졸업장을 받고 고등학교를 졸업했으며, 2%만이 수료증을 받은 것으로 나타났다(Office of Special Education and Rehabilitative Services, 2019). 18–24세 사이 장애인의 중도탈락률은 15.2%인 데 비해 비장애인의 중도탈락률은 6.4%이다. 실제 장애인의 경우 그 어느 집단보다 학교를 중퇴할 가능성이 높다(National Center for Education Statistics, 2020).

고용 자료도 똑같이 냉혹한 성과를 보여주며(Sannicandro et al., 2018), 장애인 고용률은 약 34%로 변화가 없는 상태를 유지하고 있다(Smith et al., 2017). 성인 장애인의 81%는 주간 훈련, 클리닉, 재활 또는 기타 분리된 주간 프로그램에서 분리된 서비스를 받았다(Bradock et al., 2015). 공정노동기준법(29 CFR S14(c))은 고용주가 장애인 근로자에게 최저임금 미만으로 임금을 지급할 수 있도록 허용하고 있기 때문에, 보호작업장 및 기타 분리된 환경에서 근로자의 소득은 크게 감소한다(Kregel & Dean, 2002). 전체 주간 또는 직업 프로그램 참가자의 19%만이 지원고용에 종사하였으며, 이는 근로자의 소득을 크게 증가시킨다(Wehman et al., 2018).

출현율이 낮은 장애 청년들은 어느 장애 집단보다 중등 이후의 성과에 있어 가장 열악하다(Newman et al., 2011). 출현율이 낮은 장애학생들은 성공하기 위해 필요한 기술 없이 학교를 졸업하게 된다(Kearns et al., 2010). 많은 학생들이 학교를 졸업할 때까지 활용할 수 있는 의사소통 지원이 불충분하며(Erickson & Geist, 2016; Kleinert et al., 2015), 이는 졸업 후 고용, 사회 및 여가 활동에 상당한 영향을 미칠 수 있다. 제한적인 사회적 기술과 낮은 기대는 졸업 후 고용 성과의 감소와 관련이 있다(Carter et al., 2012). 출현율이 낮은 장애인들에게 마찬가지로 우려되는 졸업 후의 성과는 지역사회 생활 통합과도 관련이 있다. 비록 출현율이 낮은 장애인들이 지원을 받으며 아파트에서 거주하는 것을 선호한다고 보고하지만(Ioanna, 2018), 거의 71%가 가족 또는 돌보미와 함께 거주하고 있으며, 16%만이 혼자 또는 룸메이트와 함께 지역사회에 거주하고 있었다(Bradock et al., 2015).

일반교육 통합 환경에서 특수교육 서비스를 받은 장애학생들이 중등 이후의 교육을 지속하고, 취업을 하며, 성인으로서 독립적으로 삶을 영위할 가능성이 높았다.

종합적으로, 이러한 결과는 장애학생을 가르치는 현재 모델의 체계적인 실패를 보여준다(Morningstar, Zagona, et al., 2017). 특수교육의 성과(예: 고용, 독립생활, 중등 이후 교육)를 검토하면, 특수교육 교실에서 교정적 기술을 가르치는 현재의 상황이 장애학생들이 학교를 떠나고 나서 결코 긍정적인 결과로 이어

지지 않았음을 명확하게 보여준다. 따라서 우리는 더 잘 할 수 밖에 없다. 우리는 졸업 후 학생의 삶을 위해 더 나은 준비를 할 수 있도록 학교를 변화시켜야 하며, 이는 일반교육 교실에서 학생들이 필요한 지원을 받고 일반교육 교육과정을 배울 수 있도록 교육하는 것을 포함한다. 예비 자료가 이를 뒷받침한다. 일반교육 통합 환경에서 특수교육 서비스를 받은 장애학생들은 중등 이후 교육을 지속하고, 취업을 하며, 성인으로서 독립적으로 삶을 영위할 가능성이 높았다(Mazzotti et al., 2016; Test et al., 2009).

요약하면, 이 장에서 살펴본 연구는 장애학생들이 통합 교실에서 배울 수 있는 학교에서 더 나은 성과가 있음을 보여준다. 장애학생들은 비장애 또래들과 함께 교육받을 때 중요한 학업, 사회, 정서, 행동, 의사소통 및 관계의 성과를 달성할 가능성이 더 높다. 학령기 통합 환경에서 교육받은 학생들은 고용률, 중등 이후 교육, 독립생활을 포함해 성인으로서 더 긍정적인 졸업 후 성과를 거두었다. 끝으로, 비장애학생들은 장애학생들이 통합된 교실에서 함께 교육을 받더라도 부정적인 결과를 경험하지는 않았다. 따라서 이러한 자료는 장애학생을 포함한 모든 학생에게 통합 환경에서 일반교육 교육과정을 가르쳐야 하는 강력한 이유를 제공한다.

학습 성찰 질문

1. 장애 및 비장애학생들을 위한 통합교육에 관한 연구를 요약하라.
2. 출현율이 높은 장애와 낮은 장애를 지닌 학생들이 통합 환경에서 배우는 정도와 교육 배치 변화에 있어 주목할 만한 경향을 설명하라.
3. 통합 또는 특수학급에서의 학교 배치는 장기적인 성과에 어떠한 영향을 미치는가?
4. 우리의 현재 학생을 교육하는 모델이 긍정적인 평생의 성과를 증진하는 데 효과적인가? 왜 그런가 또는 왜 그렇지 않은가?

5

여기서 우리는 어디로 가야 할까?

통합교육의 4세대

이전 장에서 우리는 누구를 가르치는지, 어떻게 가르치는지, 어떤 원칙이 우리의 가르침을 이끄는지, 어떤 교육 실제가 효과적인지, 통합교육 실제가 효과적인 것을 어떻게 알 수 있는지에 대한 질문을 던지고 답을 찾으려 노력했다. 이제 이전 장에서 논의하였던 몇 가지 요소들을 종합하여, 여기서 우리는 어디로 가야 할 것인지, 앞으로의 통합교육은 어떤 모습이어야 하는지에 대해서 질문하고자 한다. 그 전에 통합교육이 지금까지 어떻게 개념화되어 왔는지에 대해 생각해보자.

우선 통합을 증진하기 위한 주안점은 주로 교실에 있는 학생에게 집중되어 왔다. 물론 특수교육의 역사를 고려해볼 때 이는 당연한 결과이다. Turnbull 등(2010)은 통합교육의 성장을 교육 실제가 세 세대를 거쳐 전개된 것으로 특징지었다. **첫 번째 세대**는 1장에서 살펴본 대로 1975년 모든 장애인 교육법(EHA)

이 통과되면서 분리교육에 반대한 움직임과 관련이 있다. 통합교육의 1세대는 학생들이 그들의 비장애 또래와 함께 교실에서 물리적으로 통합되는 것에 중점을 두었다. 일부 학생들이 비장애 또래와 함께 일반교육 환경에서 교육을 받게 되자, 통합교육 환경에서 학생들을 가르치는 방법을 찾아야 할 필요성이 대두되었다. 통합교육 실제의 **2세대**는 3장에서 논의되었던 실제를 발전시키고 개선하는 것과 연관이 있다.

2장에서 논의하였듯이, 1997년 장애인교육법(IDEA) 재승인이 통과되면서, 통합교육 실제의 **3세대**가 등장하였다. 학생을 "어디에서" 교육하는지와 "무엇을" 교육하는지에 대한 관심이 요구되었다. 교실에 있는 것만으로는 더 이상 충분하지 않았고, IDEA는 특수교육을 받는 학생이 비장애 또래와 함께 동일한 교육과정에 참여하고 발전할 수 있어야 함을 요구하였다. 이러한 교육실제의 세대는 한 가지의 공통점이 있는데, 이는 개별 교실에서 개별 학생에게 초점을 맞춘다는 점이다. 그러나 1장에서 논의하였듯이, 표준화된 교육에서 개인 맞춤형 교육으로의 전환, 장애 이해에 대한 패러다임의 변화, 미국 대법원 Endrew F. 판결 등 여러 변화의 물결이 합쳐지면서 우리는 **4세대**의 통합교육 실제로 나아가고 있을지도 모른다. 이 장에서는 모든 학습자를 위한 통합교육의 4세대를 이루는 몇 가지 기본적인 요소를 설명하고자 한다.

그러나 그 전에 통합교육을 달성하기 위한 정책으로 점진주의는 실패하였다는 점을 분명히 하고자 한다(Slee, 2001). 공공 정책의 영역에서, 점진주의는 큰 도약과는 반대로 작고 분리된 단계를 통해 변화를 만들어 가는 과정을 의미한다. 교육을 개혁하고 통합교육을 실행하는 노력은 시범 프로젝트를 실시하기도 하고, 기존 법률의 문구를 변경하기도 하며, 대규모 프로젝트를 활용하여 연방 기금을 지원받는 사업을 시행하는 등 점진적으로 이루어져 왔다. 그리고 앞서 논의한 바와 같이, 학생과 그 가족의 일상생활에서의 실제적인 변화는 미미했다. 이제는 교육의 가장자리를 어설프게 손볼 때가 아니다. 장애학생의 교육에 관심이 있는 사람들은 점진적 접근을 넘어 모든 학습자가 성공할 수 있는 시스템을 만들려고 노력해야 할 것이며, 이 분야 자체는 중요하고 지속적인 변화를 겪고 있다.

통합교육은 강점에 기반한다

장애를 결핍 모델 내에서 이해한다면 우리가 원하는 성과를 달성하는 데 한계가 있다. 150년 이상 지속되어 온 지식과 실제는 결핍과 병리의 관점에 기초해 왔으며, 이는 우리를 여기까지 이끌어 왔다(Wehmeyer, 2019). 우리가 의도를 하였든 그렇지 않든, 장애에 대한 결함 기반 관점은 특수교육의 목적을 "가능한 한 결핍을 근절하여 학생이 덜 비전형적으로 기능하도록" 함에 둔다(Thompson et al., 2010, p. 171). 미국 대법원이 Endrew F.의 판결에서 "결국, 해마다 '**단지 최소한의 진전**'을 제공하는 교육적 프로그램을 받은 학생이 전혀 교육을 제공받지 않은 것이라고 말할 수는 없다."(137 S. Ct. 988 [2017])라고 한 말을 의역하고 싶은 마음이 들 수 있다. 이는 특수교육이 결핍 모델에 의해 주도될 때, 결국 덜 비전형적으로 기능하도록 의도된 교육 프로그램을 받은 학생은 교육을 전혀 받지 못했다고 말할 수 없다는 뜻으로 해석될 수 있다.

오늘날의 통합교육은 장애의 사회적 및 사회-생태학적 모델에서 파생된 강점 기반 접근법의 토대 위에 구축되어야 하며, 이는 교육의 초점을 학생이 성공할 수 있는 지원을 파악하는 것으로 전환하는 것을 의미한다. 장애를 유발하는 근본적인 신경학적, 신체적, 혹은 해부학적 원인을 이해하는 것이 가치가 없다는 말은 아니다. Wehmeyer(2019)가 언급하였듯이, 다운증후군 아동의 운동 능력이 늦게 성장하는 것을 이해하고, 난독증과 관련된 뇌의 영역을 이해하면 학생이 할 수 있는 것과 그들이 생활하고, 학습하고, 일하고, 여가를 즐기는 환경 혹은 맥락의 요구 사이의 불일치를 줄일 수 있는 중재나 지원을 설계할 수 있다는 점에서 유용성이 있다. 하지만 학생의 결함에서부터 시작하는 것이 아니라, 그 대신 학생이 잘하는 것, 그 학생이 열정을 가지고 가치 있게 여기는 것, 그리고 무엇이 학생에게 의미 있을 것인지에 대한 철저한 이해에서 시작해야 한다. 우리는 결손과 관련된 요소가 아니라, 위에서 이야기한 요소를 중심으로 교육 중재를 구축한다.

오늘날의 통합교육은 장애의 사회적 및 사회-생태학적 모델에서 파생된 강점 기반 접근법의 토대 위에 구축되어야 하며, 이는 교육의 초점을 학생이 성공할 수 있는 지원을 파악하는 것으로 전환하는 것을 의미한다.

통합교육은 지원을 강조한다

이 책의 전반에서 우리는 지원이라는 용어를 사용하였으며, 실제로 지원이라는 개념은 **다층지원체계와 보조 도구 및 지원**과 같은 용어와 같이 우리가 사용하는 언어에 이미 내재되어 있다. 1장에서 우리는 역사적으로 특수교육의 모델들이 학생의 결핍에 대한 유형, 강도, 혹은 심각도에 기반을 두고 프로그램을 만들어 왔다고 언급하였다. 교육에 대한 강점 기반 접근법은 학생의 선호도, 흥미, 능력을 고려한 개별화된 맞춤형 지원을 강조한다. 지난 20년 동안, 지원을 개념화하고 운영하기 위한 상당한 작업이 이루어졌으며, 이러한 혁신을 교육에 적용하기 위한 노력이 최근 일어나고 있다(Thompson et al., 2010). 지원이란 간단히 말해 개인의 기능성을 향상시키는 자원과 전략을 의미한다(Thompson et al., 2009). 보다 구체적으로, **지원**은 "개인의 발달, 교육, 관심사 및 개인적 안녕을 증진하고 개인의 기능성을 향상시키는 것을 목적으로 하는 자원과 전략"을 의미한다(Luckasson et al., 2002, p. 151). 즉, 지원이란 개인이 성공적으로 기능하고, 사회에 참여하고, 의미가 있는 목표를 추구하며, 자기결정적인 삶을 살 수 있도록 하는 모든 것을 의미한다.

관심이 있는 주제에 대해 친구에게 조언을 구하는 것부터 낯선 환경을 탐색하기 위해 GPS 기능이 있는 스마트폰을 사용하는 것까지, 우리 모두는 일상생활에서 지원을 활용한다. 교육 자체도 지원의 중요한 영역이며, 교육 분야에서는 또래 지원, 기술 지원, 수정 및 조정, 교육과정 설계 및 수정 등 상당히 많은 지원이 개발되었으며, 이들은 학생의 학습을 향상시키는 데 효과적인 것으로 입증이 되었다(Thompson et al., 2018). 특정 유형의 지원은 학생의 장애 유무와 상관없이 다양한 학생들에게 도움이 될 수 있지만, 지원은 개인별로 맞춤화 된다. 하지만 모든 학생이 모든 지원을 필요로 하는 것은 아니고, 그 지원으로부터 혜택을 받는 것은 아니므로, 어떤 지원이 필요한지 평가하고, 교육 계획 과정에서 지원을 사용하는 계획을 통합하는 것이 중요하다.

어떤 지원이 필요한지 평가하고 교육 계획 과정에서 지원을 사용하는 계획을 통합하는 것이 중요하다.

지원과 교육 계획

개별화교육프로그램(IEP) 과정이 지나치게 논쟁적이고 관료적으로 변하면서 장애학생의 의미 있는 교육성과에 미치는 IEP의 영향에 대한 의문이 제기되었다(Thompson, 2016). 진로나 직업 상담과 같은 특수교육과 관련이 있는 분야에서 개인 맞춤형 교육을 구현하려는 노력이 이루어짐에 따라, 계획 과정이 변화하기 시작하였다. 이러한 변화는 특수교육에서도 점진적으로 일어나고 있다. 1990년 IDEA 재승인에서는 학생이 성인기로 전환하는 과정을 지원하기 위해 서비스를 계획하고 제공하는 것과 관련된 요건이 도입되었다. 이 요건은 이러한 계획에 전환서비스가 포함이 되는 경우, 학생을 IEP 협의회에 초대해야 한다는 의무를 규정하였다. 이러한 다소 제한적인 요건은 학생의 자기결정을 증진하기 위한 여러 프로젝트들과 함께, 학생이 자신의 교육계획에 참여할 때 도움이 된다는 인식으로 이어졌다(Wehmeyer & Sands, 1998; Williams-Diehm et al., 2008). 이러한 노력의 제한점은 학생 주도의 계획과 교육 계획에 대한 학생 참여가 장애에 중점을 두고, 점점 더 관료적인 IEP 과정과 맥락적으로 이어졌다는 점이다.

마찬가지로, 보다 많은 지원요구를 가진 학습자를 교육하는 맥락에서는, 다양한 관계자들의 의견을 구하고 학생의 선호도와 관심사에 집중하는 방법으로 개인 중심 계획 과정이 강조되고 있다. 개인 중심 계획이 잘 이루어진다면, 강점에 기반하고 학생을 중점에 둔 교육 계획이 이루어질 수 있다는 충분한 증거가 있다. 문제는 이러한 과정에 소요되는 시간이 많고, 교사와 관리자가 연달아 IEP 협의회를 하는 상황에서, 개인 중심 계획을 교육 실제로 통합시키는 것이 어려웠다는 점이다(Wehmeyer, 2002).

지원과 강점 기반의 계획을 교육 과정에 통합하려면 다른 모델이 필요하다. 장애학생뿐만 아니라 모든 학생에게 필요한 것이 무엇인지를 살펴봄으로써 이러한 모델을 찾을 수 있을 것이다. 2015 모든 학생 성공 법안(Every Student Succeeds Act)은 학군별로 개인 맞춤형 학습을 시행하는 것을 장려하였다. 개인 맞춤형 학습에서 중요하지만 덜 강조되는 요소는 학생의 목소리와 선택이다(National Center for Learning Disabilities, 2018). 개인 맞춤형 학습에서 학생의 선택과 목소리가 신뢰롭게 강조되지 않은 데에는 몇 가지 이유가 있다. 하나는 학생들이 자신에게 "필요한" 학습을 스스로 선택하는 것에 대한 회의적인 시각이 있기 때문이다. 미국 교육부가 지원하는 학습 혁신 센터(Center on Innovations in Learning)는 **주, 학군, 학교를 위한 개인 맞춤형 학습**(*Personalized Learning for States, Districts, and Schools*, Murphy et al., 2016)이라는 제목의 책을 집필하여 개인 맞춤형 교육을 구현하는 지역 및 주 교육청을 지원하였다. 이 책에서 Sota(2016)는 학생들이 자신에게 가장 흥미로운 학습 목표를 선택하지 않도록 하면서 어떻게 학생들의 선택과 목소리에 대한 긍정적인 영향이 구현될 수 있을 것인지에 대해 질문을 제기하였다. Sota는 다음과 같은 방법으로 이를 달성할 수 있다고 제안하였다.

잘 이루어진다면, 개인 중심 계획은 강점에 기반하고 학생을 중점에 둔 교육계획을 이룰 수 있다.

> 교사와 학습자가 함께 수업을 설계하는 모델로, 학습자는 교사의 코칭을 받고 현재 및 원하는 기술에 대한 지식을 제공받아 선택을 한다. 이 유형의 모델에서 학습자는 교수 자료와 관련된 지식과 기술뿐만 아니라 학습 방법을 배우는 자기 조절 기술도 학습한다(p. 59).

실제로 장애 학습자를 교육하기 위한 모델(자기결정 및 교육계획에 대한 학생의 참여 증진)은 강점에 기반한 지원 계획뿐만 아니라 모든 학생을 위한 개인 맞춤형 학습 계획에 초점을 두고 있다.

Solberg 등(2018)은 **개별화 학습 계획**(**individualized learning plan, ILP**) 과정을 소개하였는데, 이는 장애학생에게 널리 시행되고 있는 지원 계획 및 개별 맞춤형 학습을 위한 계획의 요소를 통합한 개별화된 학습 계획의 한 형태이다. 미국 교육부(2017, p. 1)는 개별화된 맞춤형 학습 계획을 "학생이 교사, 학교 상담사, 부모를 포함한 학교 직원 및 기타 타인의 긴밀한 지원을 받아 개인, 학업 및 진로 관심사에 따라 학습 목표를 수립하는 공식적인 과정"으로 정의한다. 현재 40개 이상의 주에서 ILP 과정을 실행하고 있으며(Solberg et al., 2018), ILP는 삶을 설계하는 과정의 맥락에서 개발되고 평가되었으며, 통합교육 맥락에서 개인 맞춤형 교육을 계획하는 데 유용한 모델을 제공할 수 있다. 변화하는 글로벌 경제 상황과 직업 세계에 대응하여 진로 및 진로 상담 분야에서는 인생을 설계하는 것에 초점을 맞추고 있다. Savickas(2012, p. 13)는 "경력은 펼쳐지는 것이 아니라, 개인이 자신의 자아개념을 표현하고 업무 역할에 대한 사회적 현실에서 자신의 목표를 구체화하는 선택을 함으로써 구성된다"고 언급하면서 생애 설계 접근법에 대한 필요성의 기본적인 의미를 기록하였다.

학생들은 직업과 경력, 지역사회 통합, 교육과 학습 또는 기타 주제에 대해 자신의 삶을 "설계"할 수 있는 기술과 능력이 필요하다.

또한 Savickas 등(2009)은 생애 설계 접근법이 직업 세계로 전환을 하는 젊은이에게만 해당되는 것이 아니라, 실제로 개별화된 맞춤형 교육과 생애 전환을 탐색하는 방법을 배우는 모든 학생들에게 적용이 가능하다는 것을 인식하였다. 그들은 "전반적인 인생의 계획에서 기술과 역량을 증진하는 것을 목표로 하는 평생에 걸친 자기 구성 과정(self–construction process)으로 마련된" 인생 설계 방식을 제안하였다(Wehmeyer et al., 2019, p. 182). 요점은 학생들은 직업과 경력, 지역사회 통합, 교육과 학습 또는 기타 주제에 대해 자신의 삶을 "설계"할 수 있는 기술과 능력이 필요하다는 것이다.

미국 노동부(장애인 고용 정책국, n.d.)에서 자세하게 설명하는 ILP 과정은 자기 탐색, 경력 및 계획 관리, 진로 탐색의 3가지 요소를 포함하고 있다. 학생들은 자신의 계획을 성공적으로 실행하는 데 필요한 편의사항을 파악한다. Thompson 등(2018)은 여기서 한 걸음 더 나아가 학생과 교사를 위한 지원 계획 과정의 일부로 보조 도구 및 서비스를 파악하는 과정을 통합하였다. 1장에서 보조 도구 및 서비스는 IDEA에서 "장애아동이 비장애아동과 함께 최대한 적절한 범위 내에서 교육받을 수 있도록 정규수업 교실, 기타 교육 관련 환경, 비교과 환경에서 제공되는 도구, 서비스 및 기타 지원"으로 정의하고 있음을 기억하고 있을 것이다(§300.42, https://sites.ed.gov/idea/regs/b/a/300.42). 지원정도척도는 ILP 과정에서 아동과 청소년이 교사와 다른 사람들과 함께 자신의 강점과 교육적 요구를 파악하고, 그 정보를 사용하여 자신이 성공적으로 학습하는 데 필요한 것을 파악하는 데 사용될 수 있다. Sota(2016)가 언급하였듯이, 이는 학생이 계획 과정에 있어서 외로운 늑대가 아니라, 교육의 **공동 설계자임**을 의미한다. 개별화된 맞춤형 교육과 자기결정적 학습에 대해 논의할 때 이 주제로 다시 돌아가겠다.

통합교육은 학교 차원으로 이루어진다

처음 세 세대의 통합교육 실제는 주로 교실 내의 학생에게 초점을 맞추었다. Sailor와 Roger(2005)는 통합의 책임을 주로 교사에게 지우고 개별 교실을 통합의 성패를 결정짓는 주요한 초점으로 삼음으로써, 교사, 학생, 교실이 학교의 더 큰 시스템의 일부라는 점을 고려하지 못하였다고 주장하였다. Sailor와 Roger는 통합교육 실제를 촉진하고, 통합교육의 영향력을 점검하기 위해서는 학교 수준에서 살펴봐야 한다고 제안하였다. 그들은 학교 차원의 모델의 6가지 주요 원칙과 중요한 특성을 다음과 같이 확인하였다.

1. 일반교육은 모든 학생의 학습을 안내한다.
2. 모든 학교의 자원은 모든 학생에게 도움이 되도록 구성된다.
3. 학교는 사회 발전과 시민권을 명확히 다룬다.
4. 학교는 민주적으로 조직된 데이터 기반의 문제 해결 시스템이다.
5. 학교는 가족 및 지역사회와 관련하여 개방적인 경계를 지

니다.

6. 학교는 광범위한 시스템 변화 노력을 이해하기 위해 교육구의 지원을 받는다.(p. 506-508)

이러한 원칙은 여러 영역에서 개인 맞춤 학습의 원리(아래에 자세하게 설명하였음)와 겹친다.

Sailor와 Roger가 이러한 원칙을 제시한 이후 15년 동안, 통합의 책임을 교사와 교실이 아닌 시스템 차원에서의 학교로 전환을 하는 동시에, 학생의 결함보다는 맥락과 지원에 중점을 두는 장애의 사회-생태학적 모델을 고수하는 학교 차원의 여러 가지 모델이 등장하였다. 이러한 실제의 가장 분명한 예는 다층지원체계(MTSS)이다. 이러한 체계는 각각 학업 성취도와 행동 문제에 초점을 맞춘 다층의 중재 모델인 중재반응과 긍정적 행동 중재 및 지원 실제로부터 진화한 것이라 볼 수 있다(Wehmeyer, 2019). 그러나 두 모델 모두 다층의 구조 이외에 또 하나의 특징을 공유하는데, 바로 학생들이 성공하는 데 어려움을 경험하는 경우 상황을 수정 또는 변경하는 데 초점을 맞춘 사회-생태학적 모델 접근 방식을 취한다는 점이다. 그리고 이러한 초점은 MTSS로 이어졌다.

2장에서 논의했듯이, MTSS의 1단계 수준에서는 모든 학생이 "언어적, 문화적 배경, 장애 및 기타 학습 요구를 고려하여 증거에 기반하고 보편적으로 설계된 양질의 교육"(Shogren et al.,

2016, p. 215)을 받는다. 과거의 학교 교육 모델에서는 학생이 성공하기 위해 고군분투하는 경우, 일반교실 및 환경에서 분리되어 학교 수업 시간의 일부 또는 대부분의 시간 동안 특수교육을 받는다. MTSS는 장애에 대한 사회-생태학적 모델과 맥락을 함께하며 학생이 성공을 경험하지 못하는 경우 환경이 변화한다. 즉, 학생이 성공할 수 있도록 다른 형태 또는 더 집중적인 수준의 교육을 제공한다. Shogren 등(2016, p. 215)에서 지적한 것과 같이 중요한 바는 다음과 같다. "학생들은 더 집중적인 수준(단계)의 지원을 받기 위해 이동하더라도, 일반교육 수업에서 제외될 필요가 없다. ... 중재는 일반교육 수업과 활동 내에서 이루어지며, 통합의 혜택을 누릴 수 있는 기회는 유지된다." MTSS에 기반을 둔 학교는 통합교육 실제를 활용해야만 한다고 주장할 수 있다. 분리된 교실을 유지하는 것은 MTSS의 의도와 다르다. 연방 정부가 연구비를 지원하는 대규모의 기술 지원 및 교육 사업에서, Sailor와 동료들(2018)은 MTSS 과정을 기반으로 하여 모든 학생이 포함되고 공평한 양질의 교육을 받을 수 있도록 학교 차원의 시스템을 구축하는 "혁신을 위한 학교 차원의 통합된 프레임워크(Schoolwide Integrated Framework for Transformation)"를 개발하고 널리 실행하였다. 이는 통합하는 학교를 "재구조화"한 것이라 볼 수 있다.

통합교육은 개인 맞춤형 학습을 강조한다

이 책에서 강조하였듯이, 통합교육은 개인 맞춤형 학습의 새로운 실제와 일치해야 한다는 점은 분명하다. 이는 교육 전반의 혁신에 발맞추기 위해 필요할 뿐만 아니라, 개인 맞춤형 학습은 통합교육을 위해 명시된 많은 원칙과 교육 실제와도 관련이 있기 때문이다. 앞서 언급을 하였듯이, 개인 맞춤형 학습에서의 핵심은 학생에 있다. 개인 맞춤형 학습은 "교수 방식, 성과, 교육 내용, 활동, 속도, 도구, 지원이 개별 학습자의 요구에 적합하게 맞춤화되는 접근 방식"이다(Basham et al., 2015, p. 10). 개인 맞춤형 학습에 대한 논의에서 거의 중심으로 다루어지는 것은 이 정의에서 "도구"에 해당하는 요소이며, 특히 이는 개인 맞춤형 학습에서 공학의 역할과 관련 있다. 국립학습장애학회(The National Center for Learning Disabilities, 2018)는 개인 맞춤형 학습에 대한 문헌을 종합적으로 고찰하고 다음과 같은 결론을 내렸다.

> 개인 맞춤형 학습을 위해서는 학생이 학습에 대해서 올바른 선택을 하고, 자신의 필요를 주장하며, 성공하기 위해 자신의 목표를 추구할 수 있도록 해야 한다는 주제가 지속적으로 등장했다. 이러한 기술은 모든 학습자들에게 필수적이지만, 장애학생에게는 특히나 중요하다. 이러한 기술을 학생들에

> 게 자주 가르치지 않게 되면, 이러한 기술이 가장 필요한 학생들에게 해를 끼친다(p. 2).

공학은 개인 맞춤형 학습을 달성하고 실제로 통합을 달성하는 데 중요하지만, 학생의 선택과 목소리라는 요소가 누락이 되면, 개인 맞춤형 학습은 성공할 가능성이 낮다. Zhao(2018)는 학생에게 개인 맞춤형 학습의 초점을 다시 맞추기 위한 수단으로 "개인 맞춤형 교육"의 네 가지 특징인 주체성, 공유된 소유권, 유연성, 가치 창출을 제시하였다.

주체성이란 타인에게 기대는 것이 아니라 자신의 삶에서 행동하는 주체가 되는 것을 말하며, 이는 아래에서 자세하게 설명할 자기결정의 개념과 밀접하게 관련이 있다. Zhao(2018, p. 58)는 "학생이 자신의 강점을 탐색하고, 확인하고, 강화하며 자신의 열정을 따르기 위해서는, 자신의 학습에 주인이 되어야만 한다. ... 자신의 학습을 설계하는 주체성을 가져야 한다."라고 이야기했다. 인생 설계 과정에서 소개한 개념으로 돌아가서, 학생들이 자신의 삶을 구성하고 설계할 수 있으려면, 자신의 삶에서 주체가 될 수 있도록 하는 지식, 기술, 태도를 학습해야 함은 분명하다.

개인 맞춤형 학습에서의 핵심은 학생에 있다.

공유된 소유권은 기관에서 강조하는 주제이고, 학생과 교사가 교육의 공동 설계자라는 Sota(2016)의 지적을 반영한다. 중요한 점은, 공유된 소유권은 학생뿐만 아니라 교사의 역량도 강화한다는 점이다. 교사는 학생만큼이나 교육과정과 수업에 대한 결정에 있어 권리를 박탈당한다고 느끼는 경우가 많다. 주체성의 초점이 학생에게 있다면, 공유된 소유권의 초점은 학습자와 교사, 식당 직원, 상담가 등 무수히 많은 학교 구성원들에게 있다.

유연성은 "리더십, 시간표, 교육과정, 시설, 학교, 교직원 등 학교의 모든 측면"에서 "새로운 기회, 새로 생겨나는 요구, 예상하지 못한 문제"에 대응할 수 있어야만 하는 개인 맞춤형 교육이 가지는 특징을 정의한다(Zhao, 2018, p. 64). 유연성은 무엇보다도 "변화의 가치를 믿고, 아무리 신중하게 생각한 계획이라도 예상하지 못한 혼란이나 변화가 필요한 결과가 발생할 수 있음을 인정하는 사고방식"(p. 64)이다. 유연성은 단순한 사고방식 그 이상이며, 주체성과 학습을 촉진하는 학습 공동체와 환경을 조성하는 데 중요하다. Fullan 등(2018, p. 14)은 학교는 학생들을 위한 풍부한 학습 환경을 만드는 것이 필요하다고 이야기하였다. 여기서 풍부한 학습 환경이란, "학습자의 호기심을 자극하고, 학생들이 문제 설계자가 되도록 지도하고, 학생들이 적극적으로 참여할 수 있는 문제를 제시하고, 학습하면서 발생하는 위험을 감수하고 평생에 걸친 모험이 될 수 있도록 하는 학교를 만드는 것이며, 이곳에서 어른들은 아이들이 모든 기대치를 뛰어넘을 것이라고 믿는다."

자기결정을 촉진하는 것은 인생을 설계하고, 주체성과 공유된 소유권을 증진하는 데 있어 매우 중요한 요소이다.

가치 창출은 학생의 주체성과 관련된 기술, 혁신을 위한 교육 내 유연성, 학교 교육의 공동 소유권을 통해 구축된 지역사회를 활용하여 학생들이 만든 것이 자신과 타인에게 의미를 가지고 목적을 부여할 수 있도록 하는 것을 의미한다. 의미는 학습에 있어 중요한 요소이며, 개인은 본인이 관심이 있는 것을 학습하게 된다.

다시 한번 강조하지만, 통합교육을 개인 맞춤형 학습 혹은 개인 맞춤형 교육과 연계할 수 있는 모델이 없는 것은 아니다. MTSS와 장애에 대한 강점 기반 접근법은 개인 맞춤형 접근법의 원칙과 일치한다. 자기결정을 촉진하는 것은 인생을 설계하고, 주체성과 공유된 소유권을 증진하는 데 있어 매우 중요한 요소이다. 널리 활용하는 또 다른 실제인 보편적 학습설계(UDL)는 통합과 개인 맞춤형 교육을 촉진할 수 있는 틀을 제공한다. UDL은 학습 자료와 교육 내용이 제시 혹은 표현되는 방식과 학생이 그 자료와 내용에 반응하는 방식에 대한 변화를 포함한다. Wehmeyer(2019)가 언급했듯이 UDL의 원칙은 개인

맞춤형 교육의 요소와 잘 맞닿아 있다:

> ... 다양한 방식의 참여 수단을 제공하는 것은 학생의 관심사와 선호도를 활용하고, 학생의 주체성을 최적화하며, 학생의 자기조절 및 자기주도적 학습을 촉진하는 것을 포함한다.
> ... 다양한 방식의 표상 수단을 제공하는 것은 교육 자료 및 환경을 유연하게 설계하여 내용을 전달함에 있어 다양한 수단을 제공하고, 콘텐츠가 상호작용하고 연관되는 방식과 핵심 개념이 무엇인지를 이해할 수 있도록 지원하며, 다양한 방법(예: 비디오, 오디오, 디지털, 인쇄물)으로 콘텐츠를 제시하는 것을 의미한다.
> ... 다양한 방식의 행동과 표현 수단을 제공하는 것은 학생이 콘텐츠에 반응하고, 자신이 아는 것을 표현하며, 목표 설정 및 달성을 통해 주체성을 증진하는 것을 의미한다.(p. 58)

통합교육은 자기결정적 학습을 요구한다

자기결정을 증진하는 것은 대부분의 장애학생을 교육하기 위한 프로그램에서 중요한 요소가 되었다(Wehmeyer & Field, 2007). 2장에서 자기결정의 중요성에 대해 논의하였고, Norton Inclusive Education for Students With Disabilities series의 다른 책에서 자기결정과 관련된 쟁점을 다룰 것이다. 하지만 자기결정의 증진은 모든 학생에게 중요하고, 삶을 설계하는 접근에서 목표를 달성하고, 개인 맞춤형 학습과 통합교육에 중요하다는 점을 다시 한번 강조하고자 한다. 교육자로서 우리는 학생이 가치 있는 활동에 참여하고 의지를 가지고 행동할 수 있도록 지원함으로써 학생의 자율성과 선택을 증진하여 학생의 학습을 향상시킬 수 있다. 학생의 주체성을 증진하고 학생들이 학습에 대한 주인 의식을 갖도록 하려면 학생 스스로 목표를 설정하고 달성하며 계획을 수립하는 방법을 배워야 한다. Wehmeyer와 Zhao(2020)는 자기결정 교육을 다음의 요소를 통합하는 것으로 정의한다.

- 교육은 아이들의 열정과 재능에서 시작된다. 교육은 가르치는 것이 아니라, 개별 학생을 위한 기회를 만들고, 학생 개개인이 흥미를 추구하고 능력을 향상하도록 도우며, 학생들이 학교 안팎의 자원을 파악하고 이용할 수 있도록 지원하는 것이다.
- 교사는 학생들이 개별 학습 목표를 파악하고 달성하도록 돕고, 학생들이 높은 열망을 갖도록 격려하며, 가능성을 탐구하고, 자신의 야망을 시험해 보고, 자신의 강점과 약점을 배울 수 있도록 도와주는 훌륭한 인생의 코치가 된다.
- 교사는 지역사회에서 협력적으로 일한다. 고립된 교실에서

학생들을 가르치는 것이 아니라, 자신이 전문가이고 열정을 가진 분야에 대한 상담가로서 개별 학생과 함께 일한다.

- 교사는 지역사회의 조직자이자 프로젝트 리더이다. 자기결정적 학습은 학생들이 항상 혼자 학습하는 것을 의미하지 않는다. 대신 학생들은 다른 학생들과 함께 하는 진정한 프로젝트를 통해 배우는 경우가 많다.(p. 68)

결론

이 책의 주요 목적은 Norton Inclusive Education for Students With Disabilities series에서 앞으로 출판될 책들에 대한 이론 및 가치 중심 프레임워크를 제공한다는 데 있다. 이 책은 다소 광범위한 내용을 다루고 있지만, 전반적으로 고려해야 할 사항을 제시하는 데 도움이 되기를 희망한다. 조금 더 직설적으로 표현하자면, 만약 우리가 지금까지 해온 방식대로 계속 일을 진행하면서 장애학생을 점진적으로 포함시킨다면, 수천 명의 학생은 미국 대법원 Endrew F.의 판결에서 정한 기준에 맞지 않는 낮은 기대와 분리를 특징으로 하는 교육을 경험하게 될 것이다. 또한 모든 학습자의 교육이 극적으로 변화하고 있는 지금이야말로 장애학생 교육에 큰 변화를 가져올 수 있는 좋은 시기이다. 이 마지막 글을 쓰는 지금, 우리는 학생, 교사, 부모와 가족, 그리고 교육 자체에 엄청난 영향을 미친 코로나19 팬데믹에 들어선 지 6개월이 지났다. 불평등을 해소하고 극적으로 변화하는 글로벌 학습 및 세계 상황에 발맞추기 위해서 교육이 어떻게 변화해야 하는지에 대한 분명한 지표가 있다. 우리는 특수교육의 '문제'가 학생에 있지 않고 50년 이상 삐걱거리며 관련성을 잃은 시스템에 있다고 믿는다. 1975년 제정된 모든 장애아동을 위한 교육법(Education for All Handicapped Children Act)은 시민의 권리와 관련된 획기적인 법안이었으나, 그 당시의 지식, 신념, 이해를 반영하고 있다. 그럼에도 불구하고 법이 약 반세기 전에 통과되었을 때 장애학생도 비장애 또래와 일반교육 환경에서 교육을 받아야 한다는 단순한 진리를 이해하고 있었다.

통합교육은 이제야 다루는 개념이 아니다. 50년 전에 이미 통합교육에 대한 아이디어를 다루었지만, 현장에서는 이를 구현할 모델이 없었다. 장애를 이해하는 방식이 변하고, 개인 맞춤형 교육과 연계되며, 무엇보다도 강점에 초점을 맞추면 통합교육은 새로운 표준이 될 수 있다고 믿는다. 우리는 교사들이 교육 현장을 새로운 방향으로 이끌고, 모든 학생을 지원할 수 있는 헌신과 기술을 가지고 있다고 믿는다. Inclusive Education for Students With Disabilities series 책은 모든 학생에게 도움을 주고, 장애학생이 학교와 생활에서 성공하고 도전적인 목표를 달성할 수 있도록 적절하게 야심 찬 통합교육 실제를 설계하고 구현하는 실무자 중심의 지침을 제공할 것이다.

모든 학습자의 교육이 극적으로 변화하고 있기 때문에
장애학생의 교육에도 중대한 변화를 가져올 수 있는 좋은 시기이다.

학습 성찰 질문

1. 지원 패러다임으로의 전환이 모든 학습자를 위한 통합교육 및 개별 맞춤형 교육에 원동력을 제공하는 방법에 대해 토론하라.
2. 인생 설계 접근 방식이 교육이 구성되는 방식을 어떻게 바꿀 수 있는가?
3. 통합교육 및 개별 맞춤형 교육에서 어떠한 역할이 자기결정과 자기결정적 학습을 촉진하는가?

참고문헌

Abeson, A., & Davis, S.(2000). The parent movement in mental retardation. In M. L. Wehmeyer & J. R. Patton(Eds.), *Mental retardation in the 21st century*(pp. 19–34). ProEd.

Ahlgrim–Delzell, L., Browder, D. M., Wood, L., Stanger, C., Preston, A. I., & Kemp–Inman, A.(2016). Systematic instruction of phonics skills using an iPad for students with developmental disabilities who are AA 5Bach, M.(2017). Changing perspectives on intellectual and developmental disabilities. In M. L. Wehmeyer, I. Brown, M. Percy, K. A. Shogren, & W. L. A. Fung(Eds.), *A comprehensive guide to intellectual and developmental disabilities*(2nd ed., pp. 35–45). Paul H. Brookes.

Ball, D. L., & Forzani, F. M.(2011). Building a common core for learning to teach and connecting professional learning to practice. *American Educator, 35*, 17–39.

Basham, J. D., Stahl, S., Ortiz, K. Rice, M. F., & Smith, S.(2015). *Equity matters*: Digital and online learning for students with disabilities. Center on Online Learning and Students With Disabilities. http://www.centerononline–learning.res.ku.edu/equity–matters–digital–and–online–learning–for–students–with–disabilities/

Bauer, K., Iyer, S. N., Boon, R. T., & Fore, C.(2010). Twenty ways for classroom teachers to collaborate with speech–language pathologists. *Intervention in School and Clinic, 45*(5), 333–337.

Blue–Banning, M., Summers, J. A., Frankland, H. C., Louise Lord, N., &

Beegle, G.(2004). Dimensions of family and professional partnerships: Constructive guidelines for collaboration. *Exceptional Children, 70*(2), 167–184. https://doi.org/10.1177/001440290407000203

Braddock, D., Hemp, R., Rizzolo, M. C., Tanis, E. S., Haffer, L., & Wu, J.(2015). *The state of the states in intellectual and developmental disabilities: Emerging from the great recession*(10th ed.). American Association on Intellectual and Developmental Disabilities.

Browder, D., Spooner, F., Wakeman, S., Trela, K., & Baker, J. N.(2006). Aligning instruction with academic content standards: Finding the link. *Research and Practice for Persons With Severe Disabilities, 31*(4), 309–321. https://doi.org/10.1177/154079690603100404

Buntinx, W. H. E.(2013). Understanding disability: A strengths–based approach. In M. L. Wehmeyer(Ed.), *Oxford handbook of positive psychology and disability*(pp. 7–18). Oxford University Press.

Burke, M. M., & Goldman, S. E.(2016). Documenting the experiences of special education advocates. *The Journal of Special Education, 51*(1), 3–13. doi:https://doi.org/10.1177/0022466916643714

Caldwell, J.(2011). Disability identify of leaders in the self–advocacy movement. *Intellectual and Developmental Disabilities, 49*(5), 315–326.

Carter, E. W.(2017). The promise and practice of peer support arrangements for students with intellectual and developmental disabilities. *International Review of Research in Developmental Disabilities, 52*, 141–174. doi:https://doi.org/10.1016/bs.irrdd.2017.04.001

Carter, E. W., Austin, D., & Trainor, A. A.(2012). Predictors of postchool employment outcomes for young adults with severe disabilities. *Journal of Disability Policy Studies, 23*(1), 50–63.

Charles, K. J., & Dickens, V.(2012). Closing the communication gap: Web 2.0 tools for enhanced planning and collaboration. *Teaching Exceptional*

Children, 45(2), 24–32.

Cole, S. M., Murphy, H. R., Frisby, M. B., Grossi, T. A., & Bolte, H. R.(2020). The relationship of special education placement and student academic outcomes. *The Journal of Special Education*. doi:10.1177/0022466920925033

Cook, S. C., & Rao, K.(2018, 2018/08/01). Systematically applying UDL to effective practices for students with learning disabilities. *Learning Disability Quarterly, 41*(3), 179–191. https://doi.org/10.1177/0731948717749936

Dessemontet, R., & Bless, G.(2013). The impact of including children with intellectual disability in general education classrooms on the academic achievement of their low–, average–, and high–achieving peers. *Journal of Intellectual and Developmental Disability, 38*(1), 23–30.

Dessemontet, R. S., Bless, G., & Morin, D.(2012). Effects of inclusion on the academic achievement and adaptive behaviour of children with intellectual disabilities. *Journal of Intellectual Disability Research, 56*(6), 579–587. https://doi.org/10.111/j.1365–2788.2011.01497.x

Driedger, D.(1989). *The last civil rights movement: Disabled Peoples' Inter national*. St. Martin's Press.

Erickson, K. A., & Geist, L. A.(2016). The profiles of students with significant cognitive disabilities and complex communication needs. *Augmentative and Alternative Communication, 32*(3), 187–197. https:// doi.org/10.1080/07434618.2016.1213312

Every Student Succeeds Act, 20 U.S.C. S6301 *et seq.*(2015).

Felix, V. G., Mena, L. J., Ostos, R., & Maestre, G. E.(2017). A pilot study of the use of emerging computer technologies to improve the effectiveness of reading and writing therapies in children with Down syndrome. *British Journal of Educational Technology, 48*(2), 611–624.

Finke, E. H., McNaughton, D. B., & Drager, K. D.(2009). "All children can and should have the opportunity to learn": General education teachers' perspectives on including children with autism spectrum disorder who require AAC. *Augmentative and Alternative Communication, 25*(2), 110–122. https://doi.org/10.1080/07434610902886206

Fisher, M., & Meyer, L. H.(2002). Development and social competence after two years for students enrolled in inclusive and self–contained educational programs. *Research and Practice for Persons With Severe Disabilities, 27*(3), 165–174. https://doi.org/10.2511/rpsd.27.3.165

Foreman, P., Arthur–Kelly, M., Pascoe, S., & King, B. S.(2016). Evaluating the educational experiences of students with profound and multiple disabilities in inclusive and segregated classroom settings: An Australian perspective. *Research and Practice for Persons With Severe Disabilities, 29*(3), 183–193. https://doi.org/10.2511/rpsd.29.3.183

Friend, M., Cook, L., Hurley–Chamberlain, D., & Shamberger, C.(2010). Co–teaching: An illustration of the complexity of collaboration in special education. *Journal of Educational and Psychological Consultation, 20*(1), 9–27. https://doi.org/10.1080/10474410903535380

Fuchs, L. S., Fuchs, D., & Compton, D.(2010). Rethinking response to intervention at middle and high school. *School Psychology Review, 39*, 22–28.

Fullan, M., Quinn, J., & McEachen, J.(2018). *Deep learning: Engage the world change the world*. Corwin.

Giangreco, M., & Broer, S. M.(2005). Questionable utilization of paraprofessionals in inclusive schools: Are we addressing symptoms or causes? *Focus on Autism and Other Developmental Disabilities, 20*(1), 10–26.

Giangreco, M., Cloninger, C. J., & Iverson, V.S.(2011). *Choosing Outcomes and Accommodations for Children*(3rd ed.). Paul H. Brookes.

Giangreco, M., Dennis, R., Cloninger, C. J., Edelman, S., & Schattman, R. A.(1993). "I've counted Jon": Transformational experiences of teachers educating students with disabilities. *Exceptional Children, 59*(4), 359–372.

Haines, S. J., Gross, J., Blue–Banning, M., Francis, G. L., & Turnbull, A.(2015). Fostering family–school and community–school partnerships in inclusive schools: Using practice as a guide. *Research and Practice for Persons With Severe Disabilities, 40*(3), 227–239. https:// doi.org/10.1177/1540796915594141

Hess, R. S., Molina, A. M., & Kozleski, E.(2006). Until somebody hears me: Parent voice and advocacy in special educational decision making. *British Journal of Special Education, 33*, 148–157.

Horner, R. H., & Sugai, G.(2015). School–wide PBIS: an example of applied behavior analysis implemented at a scale of social importance. *Behavior Analysis in Practice, 8*(1), 80–85.

Hoy, W.(2012). School characteristics that make a difference for the achievement of all students: A 40–year odyssey. *Journal of Educational Administration, 50*(1), 76–97.

Hughes, C., Agran, M., Cosgriff, J. C., & Washington, B. H.(2013). Student self–determination: A preliminary investigation of the role of participation in inclusive settings. *Education and Training in Autism and Developmental Disabilities, 48*(1), 3–17.

Hunt, P., McDonnell, J., & Crockett, M. A.(2012). Reconciling an ecological curricular framework focusing on quality of life outcomes with the development and instruction of standards–based academic goals. *Research and Practice for Persons With Severe Disabilities, 37*(3), 139–152.

Individuals With Disabilities Education Act, 20 U.S.C. S 1400 *et seq*.(2004).

Ioanna, D.(2018). Independent living of individuals with intellectual disability: A combined study of the opinions of parents, educational staff, and individuals with intellectual disability in Greece. *International Journal of Developmental Disabilities, 66*(2), 153–159. https://doi.org/10.1080/20473869.2018.1541560

Jimenez, B. A., & Kamei, A.(2015). Embedded instruction: An evaluation of evidence to inform inclusive practice. *Inclusion, 3*(3), 132–144. https://doi.org/10.1352/2326-6988-3.3.132

Kalambouka, A., Farrell, A. F., Dyson, A., & Kaplan, I.(2007). The impact of placing pupils with special educational needs in mainstream schools on the achievement of their peers. *Educational Research, 49*(4), 365–382.

Kearns, J., Klienert, H., Harrison, B., Sheppard-Jones, K., Hall, M. & Jones, M.(2010). *What does "college and career ready" mean for students with significant cognitive disabilities?* Lexington, KY: University of Kentucky, National Alternate Assessment Center.

Kennedy, C. H., & Itkonen, T.(2016). Some effects of regular class participation on the social contacts and social networks of high school students with severe disabilities. *Journal of the Association for Persons With Severe Handicaps, 19*(1), 1–10. https://doi.org/10.1177/154079699401900101

Kleinert, H., Towles-Reeves, E., Quenemoen, R., Thurlow, M., Fluegge, L., Weseman, L., & Kerbel, A.(2015). Where students with the most significant cognitive disabilities are taught. *Exceptional Children, 81*(3), 312–328. https://doi.org/10.1177/0014402914563697

Kregel, J., & Dean, D. H.(2002). Sheltered vs. supported employment: A direct comparison of long-term earnings outcomes for individuals with cognitive disabilities. In J. Kregel, D.H. Dan, & P. Wehman(Eds.) *Achievements and challenges in employment services for people with disabilities: The longitudinal impact of workplace*(pp. 63–83). Richmond,

VA: VCURRTC. https://vcurrtc.org/resources/viewContent.cfm/151

Kurth, J. A., & Mastergeorge, A. M.(2010). Academic and cognitive profiles of students with autism: Implications for classroom practice and placement. *International Journal of Special Education, 25*(2), 8−14.

Kurth, J., & Mastergeorge, A. M.(2012). Impact of setting and instructional context for adolescents with autism. *Journal of Special Education, 46*(1), 36−48. https://doi.org/10.1177/0022466910366480

Kurth, J. A., Morningstar, M. E., & Kozleski, E.(2014). The persistence of highly restrictive special education placements for students with low−incidence disabilities. *Research and Practice for Persons with Severe Disabilities, 39*(3), 227−239. doi:https://doi.org/10.1177/1540796914555580

Lance, W.(1976). Who are all the children? *Exceptional Children, 43*, 66−76.

Lee, S. H., Wehmeyer, M. L., Palmer, S. B., Soukup, J. H., & Little, T. D.(2008). Self−determination and access to the general education curriculum. *Journal of Special Education, 42*(2), 91−107.

Longmore, P.(2003). The second phase: From disability rights to disability culture. In P. Longmore(Ed.), *Why I burned by book and other essays on disability*(pp. 214−224). Philadelphia, PA: Temple University Press.

Longmore, P.K., & Umansky, L.(2001). Introduction. Disability history: from the margins to the mainstream. In P.K. Longmore & L. Umansky(Eds.), *The new disability history: American perspectives*(pp. 1−29): New York, NY: New York University Press.

Love, H. R., Zagona, A. L., Kurth, J. A., & Miller, A. L.(2017) Parents' experiences in educational decision making for children and youth with disabilities. *Inclusion, 5*(3), 158−172. https://doi.org/10.1352/2326−6988−5.3.158

Luckasson, R., Borthwick−Duffy, S., Buntix, W. H. E., Coulter, D. L., Craig, E. M., Reeve, A., Schalock, R. L., Snell, M. E., Spitalnik,

D.M. Spreat, S., Tassé, M. J., & the American Association on Mental Retardation Ad Hoc Committee on Terminology and Classification. (2002). *Mental retardation: Definition, classification, and systems of supports*(10th ed.). American Association on Mental Retardation.

Lyons, J., Cappadocia, M. C., & Weiss, J. A. (2011). Brief report: Social characteristics of students with autism spectrum disorders across classroom settings. *Journal on Developmental Disabilities, 17*(1), 77-82.

Mazzotti, V. L., Rowe, D. A., Cameto, R., Test, D. W., & Morningstar, M. E. (2013). Identifying and promoting transition evidence-based practices and predictors of success. *Career Development and Transition for Exceptional Individuals, 36*(3), 140-151. https://doi.org/10.1177/2165143413503365

Mazzotti, V. L., Rowe, D. A., Sinclair, J., Poppen, M., Woods, W. E., & Shearer, M. L. (2016). Predictors of post-school success. *Career Development and Transition for Exceptional Individuals, 39*(4), 196-215. https://doi.org/10.1177/2165143415588047

McCart, A. B., Sailor, W. S., Bezdek, J. M., & Satter, A L. (2014). A framework for inclusive educational delivery systems. *Inclusion, 2*(4), 252-264.

McDonnell, J., Johnson, J. W., & McQuivey, C. (2008). *Embedded instruction for students with developmental disabilities in general education classrooms*. Council for Exceptional Children, Division on Developmental Disabilities.

McDonnell, J., Johnson, J. W., Polychronis, S. C., & Riesen, T. (2002). The effects of embedded instruction on students with moderate disabilities enrolled in general education classes. *Education and Training in Developmental Disabilities, 37*(4), 363-377.

McLeskey, J., Barringer, M.-D., Billingsley, B., Brownell, M. Jackson, D.,

Kennedy, M., Lewis, T., Maheady, L., Rodriguez, J., Scheller, M. C., Winn, J., & Ziegler, D.(2017). *High-leverage practices in special education. Council for Exceptional Children and CEEDAR Center*. https://ceedar.education.ufl.edu/wp-content/uploads/2017/07/CEC-HLP-Web.pdf

McLeskey, J., Landers, E., Williamson, P., & Hoppey, D.(2012). Are we moving toward educating students with disabilities in less restrictive settings? *Journal of Special Education, 46*(3), 131-140.

McLeskey, J., Waldron, N. L., & Redd, L.(2014). A case study of a highly effective, inclusive elementary school. *Journal of Special Education, 48*(1), 59-70.

Moeyaert, M., Kingbeil, D., Rodabaugh, E., & Turan, M.(2019). Three-level meta-analysis of single-case data regarding the effects of peer tutoring on academic and social-behavioral outcomes for at-risk students and students with disabilities. *Remedial and Special Education*. https://journals.sagepub.com/doi/10.1177/0741932519855079

Morningstar, M. E., Kurth, J. A., & Johnson, P. J.(2017). Examining national trends in educational placements for students with significant disabilities. *Remedial and Special Education, 38*(1), 3-12. https://doi.org/10.1177/0741932516678327

Morningstar, M. E., Zagona, A. L., Uyanik, H., Xie, J., & Mahal, S.(2017). Implementing college and career readiness: Critical dimensions for youth with severe disabilities. *Research and Practice for Persons With Severe Disabilities, 42*(3), 187-204. https://doi.org/10.1177/1540796917711439

Murawski, W. W.(2012). Ten tips for using co-planning time more efficiently. *Teaching Exceptional Children, 64*(4), 8-15.

Murphy, M., Redding, S., & Twyman, J. S., eds.(2016). *Personalized learn-*

ing for states, districts, and schools. Temple University, Center on Innovations in Learning. https://files.eric.ed.gov/fulltext/ED568173.pdf

National Center for Education Statistics.(2020). *Trends in high school dropout and completion rates in the United States*. Institute of Education Sciences. https://nces.ed.ggov/programs/dropout/ind_03.asp

National Center for Learning Disabilities.(2018). *Agents of their own success: Self-advocacy skills and self-determination for students with disabilities in the era of personalized learning*. https://www.ncld.org/wp-content/uploads/2018/03/Aggents-of-Their-Own-Success_Final.pdf

National Education Association.(2016). *Preparing 21st century students for a global society: An educator's guide to the "four Cs."* Author.

Newman, L.(2005). *Family involvement in the educational development of youth with disabilities: A special topic report of findings from the National Longitudinal Transition Study - 2(NTLS-2)*. SRI International.

Newman, L., & Davies-Mercier, E.(2005, Oct.). The school engagement of elementary and middle school students with disabilities. In *Engagement, academics, social adjustment, and independence: The achievements of elementary and middle school students with disabilities*. Special Education Elementary Longitudinal Study. https://www.seels.net/designdocs/engagement/03_SEELS_outcomes_C3_8-16-04.pdf

Newman, L., Wagner, M., Knokey, A. M., Marder, C., Nagle, K., Shaver, D., & National Center for Special Education Research.(2011). *The post-high school outcomes of young adults with disabilities up to 8 years after high school: A report from the National Longitudinal Transition Study-2*. National Center for Special Education Research.

Office of Disability Employment Policy.(n.d.). *Here's the plan: Your ILP*. U.S. Department of Labor. https://www.dol.gov/agencies/odep/topics/individualized-learning-plan/checklist

Office of Special Education and Rehabilitative Services. (2019). *Forty-first annual report to Congress on the implementation of the Individuals With Disabilities Education Act*. Author.

Orkwis, R., & McLane, K. (1998, Fall). *A curriculum every student can use: Design principles for student access*. ERIC/OSEP Topical Brief. Council for Exceptional Children.

Peck, C. A., Staub, D., Gallucci, C., & Schwartz, I. (2004). Parent perception of the impacts of inclusion on their nondisabled child. *Research and Practice for Persons With Severe Disabilities, 29*(2), 135–143.

Ruijs, N. M., & Peetsma, T. T. (2009). Effects of inclusion on students with and without special educational needs reviewed. *Educational Research Review, 4*(2), 67–79. https://doi.org/10.1016/j.edurev.2009.02.002

Ruppar, A. L., Dymond, S., & Gaffney, J. S. (2011). Teachers' perspectives on literacy instruction for students with severe disabilities who use augmentative and alternative communication. *Research and Practice for Persons with Severe Disabilities, 36*(3–4), 100–112.

Sailor, W., McCart, A. B., & Choi, J. H. (2018). Reconceptualizing inclusive education through multi–tiered systems of support. *Inclusion, 6*(1), 3–18.

Sailor, W., & Roger, B. (2005). Rethinking inclusion: Schoolwide applications. *Phi Delta Kappan, 86*(7), 503–509.

Sannicandro, T., Parish, S. L., Fournier, S., Mitra, M., & Paiewon sky, M. (2018). Employment, income, and SSI effects of postsecondary education for people with intellectual disability. *American Journal of Intellectual and Developmental Disability, 123*(5), 412–425. https://doi.org/10.1352/1944–7558–123.5.412

Savickas, M. L. (2012). Life design: A paradigm for career 'intervention in the 21st century. *Journal of Counseling and Development, 90*, 13–19.

Savickas, M. L., Nota, L., Rossier, J., Bauwalder, J.-P., Duarte, M. E., Guichard, J., & van Vianen, A. E. M.(2009). Life designing: A paradigm for career construction in the 21st century. *Journal of Vocational Behavior, 75*, 239-250.

Sharma, U., Forlin, C., & Loreman, T.(2008). Impact of training on pre-service teachers' attitudes and concerns about inclusive education and sentiments about persons with disabilities. *Disability and Society, 23*(7) 773-785. https://doi.org/10.1080/09687590802469271

Shogren, K. A., & Wehmeyer, M. L.(2020). Self-determination and transition. In K. A. Shogren & M. L. Wehmeyer(Eds.), *Handbook of adolescent transition education for youth with disabilities*(2nd ed., pp. 195-205). Routledge.

Shogren, K. A., Wehmeyer, M. L., & Lane, K. L.(2016). Embedding interventions to promote self-determination with in multitiered systems of supports. *Exceptionality, 24*(4), 213-224.

Slee, R.(2001). Social justice and the changing directions in educational research: The case of inclusive education. *International Journal of Inclusive Education, 5*(2-3), 167-177.

Smith, D. L., Atmatzidis, K., Capogreco, M., Lloyd-Randolfi, D., & Seman, V.(2017). Evidence-based interventions for increasing work participation for persons with various disabilities. *OTJR: Occupation, Participation and Health, 37*(2 suppl.), 3S-13S. https://doi.org/10.1177/1539449216681276

Smith, J. D., & Wehmeyer, M. L.(2012). *Good blood, bad blood: Science, nature and the myth of the Kallikaks*. American Association on Intellectual and Developmental Disabilities.

Solberg, V.S., Phelps, L.A., Haakenson, K.A., Durham, J.F., & Timmons, J.(2018). The nature and use of individualized learning plans as a promising career intervention strategy. *Journal of Career Development, 39*(6), 500–514.

Sota, M. S.(2016). Co-designing instruction with students. In M. Murphy, S. Redding, & J. S. Twyman(Eds.), *Personalized learning for states, districts, and schools*(pp. 57–71). Temple University, Center on Innovations in Learning. https://files.eric.ed.gov/fulltext/ED568173.pdf

Test, D. W., Mazzotti, V. L., Mustian, A. L., Fowler, C. H., Kortering, L., & Kohler, P.(2009). Evidence-based secondary transition predictors for improving postschool outcomes for students with disabilities. *Career Development for Exceptional Individuals, 32*(3), 160–181. https:// doi.org/10.1177/0885728809346960

Thompson, J. R., Bradley, V., Buntinx, W., Schalock, R. L., Shogren, K. A., Snell, M. E., Wehmeyer, M. L., Borthwick-Diffy, S., Coulter, D. L., Craig, E. M., Gomez, S. C., Lachapelle, Y., Luckasson, R. A., Reeve, A., Spreat, S., Tasse, M. J., Verdugo, M., & Yeager, M. H.(2009). Conceptualizing supports and the support needs of people with intellectual disability. *Intellectual and Developmental Disabilities, 47*, 135–146.

Thompson, J. R., Walker, V., Shogren, K. A., & Wehmeyer, M. L.(2018). Expanding inclusive educational opportunities for students with the most significant cognitive disabilities through personalized supports. *Intellectual and Developmental Disabilities, 56*(6), 396–411.

Thompson, J. R., Wehmeyer, M. L., & Hughes, C.(2010). Mind the gap! Implications of person-environment fit models of intellectual disability for students, educators, and schools. *Exceptionality, 18*, 168–181.

Thompson, J. R., Wehmeyer, M. L., Shogren, K. A., & Seo, H. J.(2017). The supports paradigm and intellectual and developmental disabilities. In K. A. Shogren, M. L. Wehmeyer, & N. N. Singh(Eds.), *Handbook of positive psychology in intellectual and developmental disabilities: Translating research into practice*(pp. 23–35). Springer.

Thompson, T. (2016, January 3). The special–education charade: Individualized education programs, or IEPs, are one of the greatest pitfalls of the country's school system. *Atlantic*. https://www.theatlantic.com/education/archive/2016/01/the–charade–of–special–education–programs/421578/

Toews, S. G., Miller, A. L., Kurth, J. A., & Lockman Turner, E. (2020). Unit co–planning for academic and college and career readiness in inclusive secondary classrooms. *Teaching Exceptional Children, 53*(1), 1–8. https://doi.org/10.1177/0040059920916855

Tremblay, P. (2013). Comparative outcomes of two instructional models for students with learning disabilities: Inclusion with co–teaching and solo–taught special education. *Journal of Research in Special Educational Needs, 13*(4), 251–258. https://doi.org/10.1111/j.1471–3802.2012.01270.x

Turnbull, A., Turnbull, H. R., Wehmeyer, M., & Shogren, K. (2019). *Exceptional lives: Practice, progress, and dignity in today's schools*(9th ed.). Pearson.

Turnbull, H. R. (1981). *The least restrictive alternative: Principles and practices*. American Association on Mental Retardation.

Turnbull, H. R. (2019). Foreword. In K. A. Shogren, M. L. Wehmeyer, J. Martinis, & P. Blanck, *Supported decision-making: Theory, research and practice to enhance self-determination and quality of life*(pp. xxi–xxiii). Cambridge University Press.

Turnbull, H. R., Turnbull, A., & Wehmeyer, M. (2010). *Exceptional lives: Special education in today's schools*(6th .ed.). Merrill/Prentice Hall.

U.S. Department of Education. (2017). *Issue brief: Personalized learning plans*. Office of Planning, Evaluation and Policy Development. https://www2.

ed.gov/rschstat/eval/high-school/personalized-learning-plans.pdf

Watson, S. M. R., Gable, R., & Greenwood, C. R.(2011). Combining eco-behavioral assessment, functional assessment, and response to intervention to promote more effective classroom instruction. *Remedial and Special Education, 32*(4), 334-344.

Weatherly, C. L., & Conrad, M. J.(2016, Apr. 7-9). *Legally defensible programming for students with autism* [Paper presentation]. School Law Seminar, Boston, MA. https://cdn-files.nsba.org/s3fs-public/13-Weatherly-Conrad-Legally-Defensible-Programming-Students-with-Autism-Paper.pdf

Wehman, P., Taylor, J., Brooke, V., Avellone, L., Whittenburg, H., Ham, W., Brooke, A. M., & Carr, S.(2018). Toward competitive employment for persons with intellectual and developmental disabilities: What progress have we made and where do we need to go. *Research and Practice for Persons With Severe Disabilities, 43*(3), 131-144. https://doi.org/10.1177/1540796918777730

Wehmeyer, M. L.(2002). The confluence of person-centered planning and self-determination. In C. S. Holburn & C. Vietz(Eds.), *Person-centered planning: Research, practice, and future directions*(pp. 51-69). Paul H. Brookes.

Wehmeyer, M. L.(2006). Universal design for learning, access to the general education curriculum, and students with mild mental retardation. *Exceptionality, 14*, 225-235.

Wehmeyer, M. L.(2013). *The story of intellectual disability: An evolution of meaning, understanding, and public perception*. Paul H. Brookes.

Wehmeyer, M. L.(2019). *Strengths-based approaches educating all learners with disabilities: Beyond special education*. Teachers College Press.

Wehmeyer, M. L., & Field, S.(2007). *Self-determination: Instructional and assessment strategies*. Corwin Press.

Wehmeyer, M. L., Nota, L., Soresi, S., Shogren, K. A., Morningstar, M., Ferrari, L., Sgaramella, T, & Di Maggio, I.(2019). A crisis in career development: Life designing and implications for transition. *Career Development and Transition for Exceptional Individuals, 42*(3), 179-187.

Wehmeyer, M. L., & Sands, D. J.(Eds.).(1998). *Making it happen: Student involvement in educational planning, decision-making and program implementation*. Paul H. Brookes.

Wehmeyer, M. L., & Ward, M.(1995). The spirit of the IDEA mandate: Student involvement in transition planning. *Journal for Vocational Special Needs Education, 17*, 108-111.

Wehmeyer, M. L., & Webb, K. W.(Eds.).(2012). *Handbook of adolescent transition education for youth with disabilities*. Taylor & Francis.

Wehmeyer, M.L., & Zhao, Y.(2020). *Teaching students to become self-determined learners*. Alexandria, VA: ASCD.

Wei, X., Lenz, K. B., & Blackorby, J.(2012). Math growth trajectories of students with disabilities: Disability category, gender, racial, and socio-economic status differences from ages 7-17. *Remedial and Special Education, 34*, 154-165. https://doi.org/10.1177/0741932512448253

WHO(World Health Organization).(1980). *International classification of impairments, disabilities, and handicaps. A manual of classification relating to the consequences of disease*. Author.

WHO(World Health Organization).(2001). *International classification of functioning, disability, and health*. Author.

Williams-Diehm, K., Wehmeyer, M. L., Palmer, S., Soukup, J. H. & Garner, N.(2008). Self-determination and student involvement in transition planning: A multivariate analysis. *Journal on Developmental Disabilities, 14*, 25-36.

Wlodarczyk, K. A., Somma, M., Bennett, S., & Gallagher, T. L.(2015). Moving toward inclusion: Inclusion coaches' reflections and discussions in supporting educators in practice. *Exceptionality Education International, 23*(3), 55–73.

Woodman, A. C., Smith, L. E., Greenberg, J. S., & Mailick, M. R.(2016). Contextual factors predict patterns of change in functioning over 10 years among adolescents and adults with autism spectrum disorders. *Journal of Autism and Developmental Disorders, 46*(1), 176–189. https://doi.org/10.1007/s10803-015-2561-z

Yoder, C.L. M., & Cantrell, M. A.(2019). Childhood disability and educational outcomes: A systematic review. *Journal of Pediatric Nursing, 45*, 37–50. https://doi.org/10. 1016/j.pedn.2019.01.003

Zhao, Y.(2018). *Reach for greatness: Personalizable education for all children*. Corwin.

찾아보기

ㄱ

가족-학교 파트너십 60
가치 창출 120
강점 기반 접근법 4, 7, 45, 51, 53, 120
강점에 기반 105
개별화교육프로그램(IEP) 56, 109
개별화 학습 계획(individualized learning plan) 111
개인 맞춤형 교육 117, 118
개인-환경 적합 모델 42, 45, 50, 53
결함 기반 관점 105
고용 자료 98
공동 설계자 113
공유된 소유권 119
공정노동기준법 98
공학 보조 학습 82
공학의 역할 117
관련 서비스 20
교육 계획 109
교육적 혜택 26

ㄴ

낮은 기대 35, 55, 92, 99, 123

ㄷ

다층지원체계(multitiered systems of support: MTSS) 46, 115
단지 최소한의 진전 106
대안교수 74
또래 보조 학습 68, 90

ㅁ

모든 장애아동을 위한 교육법(Education for All Handicapped Children Act: EHA) 15, 35
모든 학생 성공법 5, 85
미국 교육부의 특수교육 프로그램 사무국 50
미국 노동부(장애인 고용 정책국) 113
미국 대법원 판결 15, 25
미국 장애인교육법(Individuals with Disabilities Education Act: IDEA) 13, 95

ㅂ

배치 95
법적 근거 22
보조 도구 및 서비스 18, 113
보편적 설계 7, 32, 44, 51
보편적 학습설계(UDL) 48, 82, 120

분리 97
분리된 학교 96
비장애학생 94

ㅅ

사회–생태학적 모델 42, 53
사회적 기술 93
사회적 모델 39
생의학적 모델 37
사회–정서 학습 89
세계보건기구(WHO) 39
수업 사이클 70, 71
수업 전략 61
스테이션교수 74

ㅇ

연구 기반 수업 전략 64
연구 기반 증거 85, 86
우정 및 관계 92, 93
유연성 119
의료/시설 패러다임 37
일반교육 교육과정에 대한 접근 52
일반교육 환경 96

ㅈ

자기결정 49, 50, 90, 118
자기결정 기술 90
자기결정적 학습 121
장애 서비스 37
장애인 고용률 98
장애인 권리 운동 40
장애인의 중도탈락률 98
전문가 간 협력 64
전일제 특수학급 88, 96
전환 49
점진주의 105
정상화/지역사회 서비스 패러다임 37
졸업장 98
주체성 118
중등 이후의 성과 98
중재 반응 46
중재 지향적 44
지원 46, 107, 109
지원의 수준(단계) 47
지원적 환경 96
지원정도척도 113
진전도 점검 74

ㅊ

첫 번째 세대 103
최소제한환경 15, 21
최소한(de minimis)의 기준 30
최소한을 넘어서 25
출현율 87, 88, 96, 98, 99

ㅌ

통합 교실 56
통합 교실에서 공학 81
통합 교실에서 교수 전략 70
통합 교실에서 역할과 책임 66
통합교육 맥락 15
통합교육 실제의 1세대 103
통합교육 실제의 2세대 104
통합교육 실제의 3세대 104

통합교육 실제의 4세대 6
통합교육에 대한 시사점 44
통합교육에서 교육 방식 64
통합교육을 지원하는 증거 85
통합 수업 계획 77
통합 스케줄 75
특수교사의 역할 15
특수아동위원회(Council for Exceptional Children: CEC) 36
팀티칭 74

ㅍ

판결 25
팬데믹 6
평행교수 74

ㅎ

하이 레버리지 61, 84
학교 수준 114
학교 차원의 긍정적 행동지원 46
학교 차원의 접근 46
학급 차원의 지원인력 68
학생의 선택과 목소리 110
학습 혁신 센터(Center on Innovations in Learning) 110
학업 성취 88
학업 진보 87
협력계획 71
협력교수 73
효과적인 통합 지원 설계하기 75

영문

B

Board of Education of the Hendrick Hudson Central School District v. Rowley(1982) 25, 28

D

Disabilities 39
Disability 40

E

EHA 52
Endrew F. v. Douglas County School District(2018) 5

H

HLP(high-leverage practices) 61

I

International Classification of Impairments, Disabilities, and Handicaps(ICIDH) 39
International Classification of Functioning, Disability, and Health(ICF) 40, 53

M

MTSS(multitiered systems of support) 120

S

Schoolwide Integrated Framework for Transformation(SWIFT) 48

지은이 소개

마이클 웨이마이어(Michael Wehmeyer)는 40년 이상 특수교사, 옹호자, 연구자, 교사 트레이너로 활동하며 특별한 지원이 필요한 학습자를 교육하는 데 종사하였다. 그의 연구는 자기결정과 통합 실제를 촉진하는 데 중점을 두고 있으며, 이 책에 담긴 아이디어가 모든 학생이 지역사회에서 완전하고 풍요로운 삶을 사는 데 필요한 교육을 받을 수 있는 미래로 가는 지침을 제공한다고 믿는다.

제니퍼 커스(Jennifer Kurth)는 20년 넘게 교사이자 교사 교육자로 활동해 왔다. 또한 양질의 통합교육을 실행하는 방법을 연구하고 있으며, 모든 학생이 학교와 지역사회에서 가치 있는 구성원이 되는 미래를 낙관적으로 생각한다.

옮긴이 소개

서 효 정

미국 University of Kansas 특수교육학 철학박사
현 국립공주대학교 특수교육과 교수

박 윤 정

미국 Pennsylvania State University 특수교육학 철학박사
현 한국교원대학교 특수교육과 교수

강점 기반 시대의 통합교육: 교육 현장의 미래 지도

2024년 5월 25일 1판 1쇄 인쇄
2024년 5월 30일 1판 1쇄 발행

지은이: MICHAEL L. WEHMEYER & JENNIFER A. KURTH
옮긴이: 서 효 정 · 박 윤 정
펴낸이: 한 정 주
펴낸곳: 교육과학사

경기도 파주시 광인사길 71
전화:(031) 955-6956~8 팩스:(031) 955-6037
Home-page: www.kyoyookbook.co.kr
E-mail: kyoyook@chol.com / kyoyookbook@daum.net
등록: 1970년 5월 18일 제2-73호

정가 13,000원

ISBN 978-89-254-1896-4

Printed in Korea.

옮긴이와의 협의하에 인지를 생략합니다.